중국어 문법 레시피

중국어
문법
레시피

박민수 지음

중국인의
중국어 사용
레시피를
이해하고
적용하기

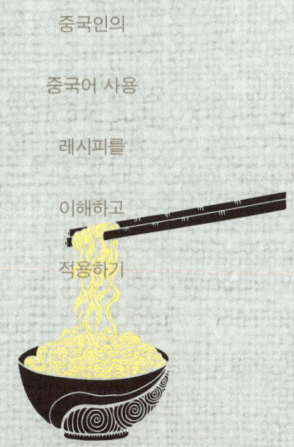

한국문화사

머리말
중국어 문법 레시피

돌이켜보면 제가 중국어를 공부하던 때엔 알면 아는 대로 또 모르면 모르는 대로 그렇게 많은 부분에 대해서 의문을 가지지 않았습니다. 왜냐하면 그렇게 쓴다니까, 중국어에는 '관용적인 표현이 많다', '예외가 많다' 니까 그냥 외우고 넘겼던 내용이 많았죠.

시간이 꽤나 흐른 지금, 문법을 전공하고 또 적지않은 시간 동안 수업을 하면서 학생들로부터 듣는 얘기는 "문법 너무 어려워요.", "문법이라는 게 원래 딱딱하고 지루한 거니까요." 등의 좌절스러운 말들 투성입니다.

수없이 자문해봅니다. 그러게…? 왜 문법은 어렵고 딱딱하다고 느껴야 맘이 편할까? 좀 더 쉽고 지루하지 않게 공부할 수 있는 방법은 없을까? 문법공부는 정말 즐거울 수 없는 건가?

바로 이러한 고민이 이 교재를 쓰게 된 始發點(시발점)입니다.

중국어문법이 뭔가요. 바로 중국사람들이 언어표현을 하는데 있어서 정해놓은 약속입니다. 다시말해 중국사람들의 언어표현 레시피라는 것이죠. 레시피는 공식과 같아서 필요한 성분만 넣어주면 OK입니다. 그럼 이 레시피를 어떻게 학습하는 것이 더욱더 아름다운 방법일까요? 그건 바로 한국인 학습자의 관점에서 그 레시피의 원리를 이해하고 적용하는 것이라 생각됩니다.

본 교재는 여러 해 동안 강의했던 강의노트와 학생들과 나누었던 소통노트를 정리한 것으로 구성은 다음과 같습니다.

레시피의 구성

1. 레시피의 핵심이라고 할 수 있는 품사, 문장성분, 어순, 문장부호 등 문장구조를 체계적으로 살펴봅니다.
2. 여러 가지 상황을 통해 표현레시피를 학습하고 이해하도록 합니다.
3. 어순배열과 작문을 통해 레시피를 정확히 숙지했는지 점검합니다.

여러분, '不狂不到불광불도'라는 말 들어보셨나요? '미쳐야 미친다'라는 말입니다. 다들 원하시는 그 곳(?)까지 미치시길 바래 봅니다.

끝으로 본 교재의 어법 설명에서 나오는 결점과 오류에 대해서는 많은 분의 지도편달 부탁드리며 아울러 이 책이 여러분의 중국어 공부에 도움이 되길 바랍니다.

> ※ 교재에 나오는 단어들을 찾아 관련 예문들을 살펴보는 것 또한 학습의 연장선이라 생각되어 한어병음과 성조는 표기하지 않았습니다~^^

 문법 레시피

‖차례‖

머리말 / 5

시작하며 / 13

01　문법이 뭐길래? / 14

02　중국어는 한국어랑 뭐가 다르지? / 18

03　중국어 문법을 구성하는 재료들 / 23

04　배추는 품사, 김치는 문장성분 / 27

05　중국어의 품사 词类 / 29

06　 중국어의 문장성분은 몇 개? / 65

07　우리가 잘 모르고 있는 문장성분에 대한 몇 가지 / 69

08　중국어의 어순 / 72

09　문장부호 / 76

10　그는 누구도 몰라요. (주어 & 화제) / 79

11　넌 내꺼! (是~的) / 82

12	너 밥 먹었니? (了)	/ 85
13	너희들 만리장성 가봤니? (过)	/ 89
14	너 지금 뭐하고 있니? (在)	/ 93
15	그는 거기서 10년째 살고 있어. (了~了)	/ 97
16	비행기가 곧 이륙한데... (要~了)	/ 100
17	노래로 살펴보는 "了"	/ 103
18	걸을 수 있어? (能 & 会)	/ 105
19	내일 비가 내릴까? (会 & 可能 & 应该)	/ 108
20	세상이 이래선 안 돼... (应该 & 要)	/ 111
21	나 보이차 마시고 싶어. (想 & 要)	/ 113
22	이야기로 살펴보는 "该"	/ 116
23	나 갈게... (去 & 走)	/ 118

중국어 문법 레시피

24	나 중국을 여행하고 싶어... (旅行 & 旅游)	/ 121
25	걔네 한국사람이야? (是)	/ 123
26	나 오늘 걔랑 만나... (离合词)	/ 126
27	그는 우리에게 중국어를 가르친다. (두 개의 목적어를 갖는 동사)	/ 130
28	아버지는 내가 좋은 사람이 되길 바라신다. (구나 문장을 목적어로 갖는 동사)	/ 133
29	안에 사람 있어요? (在 & 有 & 是의 존재표현)	/ 137
30	나한테 어쩔건데? (对 & 对于)	/ 141
31	집에서 학교까지 얼마나 걸려? (从~到 & 离)	/ 144
32	나 지갑을 택시에 놓고 내렸어. (把)	/ 147
33	나 차였어. (被)	/ 150
34	쟤네 또 온다. (又 & 还 & 再)	/ 153

35	저 사람 지금 하느님도 못말려. (连~都) / 157
36	네 지갑 걔한테 있어. (명사의 장소화) / 160
37	네가 기뻐서 나도 기뻐 (복문) / 163
38	이리와서 봐봐 (동사중첩) / 166
39	천천히 해 (형용사중첩) / 169
40	난 해마다 중국에 와... (명사 & 명량사 중첩) / 172
41	이 집이 저 집보다 더 맛있어... (比) / 175
42	나도 너 정도는 커. (有) / 180
43	나나 너나 같아. (一样) / 184
44	내가 제일 잘 나가... (最) / 188
45	조심해서 슬라이딩 하라구? (地) / 190
46	이건 내 중국어 사전이야. (구조조사 的) / 196

중국어 문법 레시피

47	밥 다 먹었어요. (결과보어) / 200
48	낙장불입 (가능보어) / 203
49	너 밥을 빠르게 먹네? (정도보어) / 206
50	그는 밖으로 뛰어 나갔다. (방향보어) / 210
51	우리는 2년간 중국어를 배웠다. (시량보어) / 214
52	나는 지하철로 학교에 와. (연동문) / 218
53	엄마께서 나에게 밥을 먹으라고 하셨다. (겸어문) / 221
54	우리 학교 학생 아닌가요? (반어문) / 225

하나 더 / 228

부록 _ 연습문제 모범답안 / 231

시작하며

　사실 요즘은 인터넷 검색만으로 많은 궁금증을 해결할 수 있는 세상입니다. 문득 당기는 음식이 있어 만들어보려고 인터넷으로 검색을 하면 다양한 레시피가 쏟아져 나옵니다. 자, 요리 좀 해보겠다고 레시피 없이 냉장고에 있는 재료 중에 맘에 드는 걸 골라 예쁘게 썰고 냄비에 넣어서 끓이면? 어쩌면 그걸 만든 본인도 선뜻 손이 가지 않는 그런 어색한 음식(?)이 만들어질 가능성이 더 크겠죠. 많은 사람이 즐겨먹는 그 간단한 봉지라면도 레시피가 있잖아요? 물론 레시피대로 만들지 않아도 먹는 데 지장은 없습니다. 다만 맛깔스럽지 않아서 그렇죠. 언어 표현엔 나만의 레시피가 없잖아요? 우리가 어법을 학습하는 이유는 여기 있습니다. 바로 중국인이 중국어를 사용하는 레시피를 제대로 이해하고 적용하기 위해서입니다.

1. 문법이 뭐길래?

문법이란 올바른 문장을 만드는 방법을 뜻합니다. 그러니까 언어 사용에 관한 모든 규칙을 말하는 것이죠. 물론 그 규칙은 같은 언어를 사용하는 사람들끼리 약속을 통해 체계화한 것이라 볼 수 있겠습니다. 우리가 중국어문법을 공부하는 이유는 중국어의 규칙을 잘 이해하고 올바르게 사용하기 위함입니다. 그러려면 무엇보다도 어순을 잘 알고 있어야 합니다. 그리고 어순을 담당하는 <u>문장성분</u>과 또 각각의 문장성분을 담당하는 <u>품사</u>도 알아야 합니다.

책이다	그의	이것은

1. *책이다 이것은 그의.
2. *책이다 그의 이것은.
3. *그의 이것은 책이다.
4. ?그의 책이다 이것은.

5. *이것은 책이다 그의.
6. 이것은 그의 책이다.

위의 성분으로 조합해보면 여섯 가지 정도가 만들어집니다. 예문들 앞에 *이 있는 것도 있네요? *은 비문非文을 가리키는 부호랍니다. 의문부호도 있는데, 이것은 경우에 따라서 문장으로 성립될 수도 있다는 뜻입니다. 위의 예문 중에서는 6번이 가장 자연스럽죠? 왜냐하면 규칙에 맞는 어순을 지키고 있기 때문입니다. '주어 + 수식어 + 술어 + 목적어'의 어순말이죠.

사실 생각해보면 우리가 우리말로 무언가를 표현할 때 표현에 앞서 이런 부분까지 생각하고 얘기하지는 않죠. 하지만 우리가 별 고민없이 사용하는 일상의 모든 표현은 나름대로 정해진 규칙안에 있고, 우리는 그 규칙안에서 다양한 표현을 만들어 쓰고 있다는 것입니다. 중국어도 마찬가지입니다. 벌써 지친다구요? 가수 개리의 '딴따라'라는 노래 중에 이런 대목이 나옵니다. '괜찮아, 괜찮아 백번 하면 정말 괜찮아, 벗어날 방법은 그저 반복하는 것뿐~', 맞습니다. 패턴을 숙지하고 주어진 레시피에 맞게 반복하는 것이 중요합니다.

자, 계속해서 아래의 단어들을 조합해볼까요? 이것도 대략 여섯 가지 정도의 조합이 만들어지는군요.

	吗　　吃　　好	

1. *吗吃好?
2. *吗好吃?
3. *吃吗好?
4. *吃好吗?
5. *好吗吃?
6. 好吃吗? 맛있어?

여섯 가지 예문이 만들어지는군요. 이 중 6번 예문만 올바른 문장입니다.

그런데 5번 예문을 다신 한번 읽어 볼까요? 어순이 잘못되어 어떤 영어표현이 떠오르지는 않으세요? 그렇습니다, 바로 how much?입니다.

난생 처음 미국에 가게 된 중국인이 영어가 서툰데 미국에 가서 물건이나 살 수 있을지 고민합니다. 그러자 다른 친구가 이렇게 조언했습니다. "걱정 마, '好吗吃'만 기억하고 있으면 물건을 사는데 전혀 문제없어!"라고 말이죠. 여하튼 우리는 '好吃吗?'를 통해서 두 가지를 알게 되었습니다.

하나는, '好+동사'의 패턴은 '동사하기 좋다'라는 의미를 만든다는 것,

| 好吃。 | 好听。 | 好看。 |
| 맛있다. | 듣기 좋다. | 예쁘다. |

다른 하나는 평서문 뒤에 '吗'를 붙여 주면 의문의 형식이 된다는 것입니다. 따라서 '好吃'라는 평서문 뒤에 '吗'를 더해주면 아름다운 의문표현이 되겠습니다.

다른 예문들을 살펴 볼까요?

你好吗?　　　　(你好 + 吗)
안녕하세요?

这本书有意思吗?　(这本书很有意思 + 吗)
이 책 재미있어요?

他是韩国人吗?　　(他是韩国人 + 吗)
그는 한국사람입니까?

明天星期一吗?　　(明天星期一 + 吗)
내일은 월요일입니까?

흔히 문법은 원래 '딱딱하고, 지루하고, 어려운 것이다.'라고 이야기를 합니다. 하지만 위에서 살펴본 것처럼 레시피에 충실하면 문법공부만큼 재미있는 것도 없습니다. 마치 수학 공식처럼 말이죠!

2. 중국어는 한국어랑 뭐가 다르지?

중국어는 우리말과 다르게 형태의 변화가 없습니다. 술어동사의 변화를 중심으로 다음의 예문들을 비교해 볼까요?

吃。
먹다.

吃饭。
밥을 **먹는다.**

我在吃饭。
나는 밥을 **먹고 있다.**

我吃饭了。
나는 밥을 **먹었다.**

我想吃饭。

나는 밥을 **먹고 싶다.**

우리말에서의 '먹다'는 동작이 이루어지는 시간의 위치에 따라 형태가 바뀌지만 중국어의 '吃'는 변화가 없습니다. 예문들을 자세히 보면 '吃'는 변화가 없지만 '吃'의 앞뒤로 다른 성분들이 와서 동작의 상태를 나타내주고 있는 것을 볼 수가 있습니다. 다시 말해 허사虛词가 중요한 역할을 담당하고 있다는 것입니다.

吃+了	吃+过	在+吃
먹었다	먹어보았다	먹고있다

다음은 영화 '不能说的秘密 말할 수 없는 비밀'에서 주인공들이 나누는 대화입니다.

小雨: 你想我吗?
　　　나 보고 싶었어?

湘伦: 想啊, 我想你...的音乐。
　　　보고싶었지... 너...의 음악이...

> 물론 한국어에도 있기는 합니다.
> 여: 넌 누가 좋아?
> 남: 너...의 언니...
> 뭐 이런거 처럼 말이죠...

조사助词 的가 있느냐 없느냐에 따라서 문장이 나타내는 의미 자체가 달라진다고 볼 수 있습니다. 또한 어떤 조사助词를 사용하느냐에 따라 말하는 사람의 의도와 강조하려는 부분이 달라집니다.

问题严重吗?
문제가 심각합니까?

问题严重啊!
문제가 심각하네요.

问题严重吧?
문제가 심각하지요?

问题严重了!
문제가 심각해졌어요.

问题严重呢!
문제가 심각하다니까...

중국어가 형태의 변화가 없다 보니 그만큼 어순语序이 중요한 부분을 차지한다고 볼 수 있습니다.

我们都不是韩国人。　　　(都+不是:전체부정)
우리는 모두 한국인이 아니다.

我们不都是韩国人。　　　(不是+都:부분부정)
우리 모두가 한국인은 아니다.

부사의 都가 어디에 오느냐에 따라서 문장 전체의 의미가 달라지죠?

他打我。
그가 나를 때렸다.

我打他。
내가 그를 때렸다.

我가 어디에 위치하는지에 따라서 문장성분이 달라지고 있죠?

不怕辣。
매운 것을 두려워하지 않는다.

怕不辣。
안 매울까 봐 두려워한다.

부정부사 不가 어디에 위치하느냐에 따라서 의미가 전혀 달라지고 있네요. 그뿐만 아니라 어순이 바뀌면 내용이 바뀔 뿐만 아니라 말도 안 되는 문장이 만들어지기도 합니다.

听不懂。　　　?不听懂。　　　*懂不听。
못 알아 듣겠어요.

혹시 위의 예문들을 보면서 물음표가 생기지는 않으셨나요? 그렇습니다, 중국어에는 주격조사, 목적격조사 등의 격(格)조사가 없습니다. 따라서 우리말로 바꾸는 과정에서 문장의 흐름에 맞는 격조사로 바꿔줘야 합니다.

没错，是我选他的。
맞아, 내가 그를 선택했어.　　＊맞아, 나는 그를 선택했어.

참, 그리고 중국어에는 다의어(多意字), 다음자(多音字), 다품사어(兼类词)가 많아 어렵게 느껴질 수가 있습니다. 따라서 단어를 공부할 때는 그 단어가 가진 다양한 의미과 해당 예문들을 살펴보는 것이 좋습니다.

我在家。
나는 집에 있다. (동사)

我在家看电影。
나는 집에서 영화를 본다. (개사)

我在看电影。
나는 영화를 보고 있다. (부사)

> 중국어는…
> 허사가 중요한 기능을 담당합니다.
> 어순이 중요한 부분을 차지합니다.
> 격조사가 없습니다.
> 다음, 다의, 다품사어가 많습니다.

☑  다음 문장은 어떠한 차이가 있을까요?

(a) 我不工作。

(b) 我没有工作。

 문법 레시피

3.
중국어 문법을 구성하는 재료들

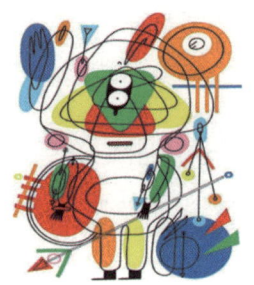

문장은 나름대로 완전한 의미를 전달할 수 있는 생각의 덩어리입니다. 문장句子은 무엇으로 이루어 질까요? 구词组, 短语입니다. 구를 구성하는 것은? 단어词입니다. 단어를 이루는 것은? 형태소语素입니다. 그렇다면 문장을 구성하는 것은 단어와 구가 되겠지요.

你吃饭了吗?
너 밥 먹었니?

我喜欢学习汉语语法。
난 중국어 어법을 공부하는 것이 좋아.

문장의 흐름이나 의미에 따라서 두 개 이상의 단문을 결합하여 복문复句을 만들 수도 있습니다.

(因为)你快乐, (所以)我快乐。
네가 기쁘니 나도 기쁘다.

你放心, 有我在。
걱정 마, 내가 있잖아...

我是韩国人, 你是中国人, 他是日本人。
나는 한국 사람, 너는 중국사람, 그는 일본 사람이야.

구는 단어들의 조합으로 이루어지며 주로 문장성분으로 쓰입니다.

수식구(偏正词组): 我买的书   好朋友
　　　　　　　　内가 산 책   좋은 친구
주술구(主谓词组): 我不买   东西很贵
　　　　　　　　나 안 사   물건이 비싸다
술목구(述宾词组): 买东西   有进步
　　　　　　　　물건을 사다   발전이 있다
술보구(述补词组): 买到   看清楚
　　　　　　　　샀다   제대로 보다

또한 구는 일정한 어조語調만 갖추면 문장이 될 수 있답니다.

a : "你想吃什么?"
　　뭐 먹고 싶어?

중국어 문법 레시피

b : "(我想吃)妈妈做的饭."

난 엄마가 만들어주는 밥을 먹고 싶어.

c : "(我想吃)蛋炒饭."

난 계란볶음밥을 먹고 싶어.

a의 질문에 b처럼 구뿐만 아니라, c처럼 단어도 문장이 될 수 있습니다. 계속해서 단어를 보도록 하겠습니다. 단어는 나름의 의미를 가지고 단독으로 문장성분으로 쓰이거나 문장에서 구조관계를 나타내는 최소의 언어단위입니다.

你 너   吃 먹다   饭 밥   了 동태조사   吗 의문사

⇒ 你吃饭了吗?

너 밥 먹었어?

단어는 다시 실사实词와 허사虚词로 나눌 수 있습니다. 단독으로 문장성분이 될 수 있는지의 여부가 실사와 허사를 구분짓는 잣대가 되어 단독으로 문장성분이 될 수 있으면 실사, 단독으로 문장성분이 될 수 없으면 허사로 쓰입니다.

위의 문장에서 你, 吃, 饭은 실사, 了와 吗는 허사입니다.

실사와 허사에 대한 부분은 품사를 다루는 부분에서 좀 더 자세히 보도록 하겠습니다.

자, 단어를 구성하는 것이 형태소인데요, 형태소란 의미를 가지고 있으면서 더 이상 분리할 수 없는 가장 작은 단위를 가리킵니다.

吃 먹다   葡萄 포도   巧克力 초코렛   奧林匹克 올림픽

가장 작은 단위라면 형태소는 당연히 일음절일까요? 아닙니다. 대부분의 형태소가 단음절로 되어 있지만 다 단음절은 아니라는 거죠. 그러면 '**의미를 가지고 있으면서 더 이상 분리할 수 없는**'은 무슨 의미일까요?

위의 예시에서 볼 수 있는 것처럼 奧林匹克는 올림픽을 의미하지만 奧나 奧林 또는 匹克만으로는 올림픽이라는 의미를 나타낼 수 없기 때문에 그렇습니다.

양파같은 문법단위

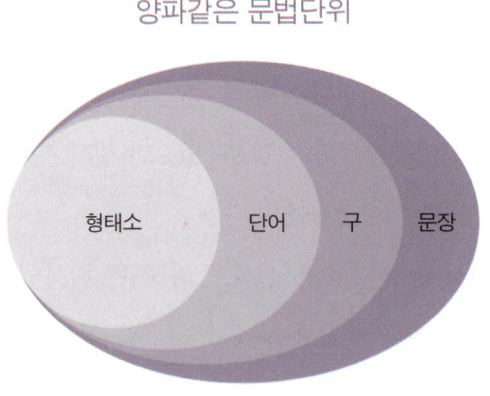

4.
배추는 품사,
김치는 문장성분

    배추와 김치가 왠말이냐구요? '고수가 되고 싶다? 그러면 기본에 충실하라'는 말이 있습니다. 학생들에게 질문합니다. 한국어와 중국어의 차이가 뭐죠?

    학생들이 대답합니다. '어순이 달라요', '중국어엔 성조가 있어요' 등등. 물론 맞습니다. 다시 묻습니다. 어순이 어떻게 다르죠?

    누군가 대답합니다. '주어+목적어+동사'의 한국어 어순과는 다르게 중국어는 '주어+동사+목적어'순으로 이루어진다고…

    음… 아찔한 거죠… 왜냐구요? 주어와 목적어는 문장성분이고, 동사는 품사이기 때문에 주어, 동사, 목적어를 같은 선상에 놓을 수 없기 때문입니다. 그러니까 다른 층차层次의 성분들이란 얘기죠. 아래 예문의 中秋节를 보면서 개념을 정리해 볼까요?

(a) 中秋节到了。
　　추석이다.

(b) 明天中秋节。
　　내일은 추석이다.

(c) 我们在中国过中秋节。
　　우리는 중국에서 추석을 보낸다.

中秋节의 품사는 명사지만 a에서는 주어로, b에서는 술어로, c에서는 목적어로 쓰였습니다. 품사는 명사지만 문장에서 어디에 위치하느냐에 따라서 주어로도 쓰일 수 있고, 술어나 목적어로도 쓰일 수 있다는 것입니다.

품사와 문장성분을 설명하는데 굳이 배추와 김치를 예로 든 이유는 배추는 식재료, 김치는 반찬인 것처럼 품사는 문장성분을 구성하는 재료, 문장성분은 문장을 구성하는 성분이라는 것입니다.

품사와 문장성분의 핵심

품사			문장성분		
문법상의 의미			문장 속에서의 역할		
명사, 동사, 형용사, 부사			주어, 술어, 목적어		
我们	学习	汉语	汉语	很	有意思
대명사	동사	명사	명사	부사	형용사
주어	술어	목적어	주어	수식어	술어

※ 품사는 변하지 않지만, 사용되는 위치에 따라서 문장성분은 바뀌게 됩니다.

5. 중국어의 품사 词类

　품사品词, 品의 입구자 세 개는 무언가를 나누어 네모의 형태로 묶어 놓는다는 것을 의미합니다. 词는 단어를 가리키죠. 그러니까 단어들을 각각의 기능, 의미 등의 일정한 기준으로 나누어 종류별로 묶어놓은 것이라고 보면 되겠죠?

　단어의 기능은 무엇일까요? 다른 단어를 꾸며주거나 또는 다른 단어의 꾸밈을 받는 것, 단어와 단어를 연결시켜주는 것 등을 그 예로 들 수 있겠습니다.

　중국어에서 품사는 각각의 단어가 고유하게 가지고 있는 특성으로 일반적으로 명사, 대사, 동사, 형용사, 수사, 양사, 부사, 감탄사, 의성사, 개사, 접속사, 조사 등 12가지로 나눕니다. 이 중 명사, 대사, 동사, 형용사, 수사, 양사, 부사, 감탄사, 의성사를 실사实词, 개사, 접속사, 조사를 허사虚词라고 합니다. 실사는 실제적이고 단독으로 문장성분이 될 수 있지만, 허사는 의미가 실제적이지 못하고 단독으로 문장성분이 될 수 없어 주로 문장성분들을 이어주거나 어감을 나타내주기만 합니다.

가. 명사名词: 사람이나 사물의 이름을 가리키는 말로 일반적으로 부사의 꾸밈을 받을 수 없습니다.

> 北京　苹果　天气　老师　　*不中国

北京是中国的首都。
북경은 중국의 수도이다.

苹果是我最喜欢的水果。
사과는 내가 제일 좋아하는 과일이다.

今天天气很好。
오늘 날씨가 좋다.

我想当个好老师。
나는 좋은 선생님이 되고 싶다.

나. 대사代词: 사람이나 사물을 대신해 쓰이는 단어를 가리킵니다.

> 我　你　这　那　什么　谁

我是韩国人。
난 한국사람이야.

 문법 레시피

你是中国人。
넌 중국사람이야.

这是我朋友。
이 사람은 내 친구야.

那是我的。
그건 내거야.

你想吃什么?
넌 뭘 먹고 싶니?

谁是你爸爸?
누가 네 아버지야?

다. **동사**动词: 동작, 행위, 심리활동 등을 나타내는 단어로 일반적으로는 정도부사의 꾸밈을 받지 않습니다.

| 吃 在 是 爱 死　　*很吃 |

我不吃面条。
난 면을 먹지 않아.

他不在家。
그는 집에 없어.

我是学生。
난 학생이야.

我爱你。
난 널 사랑해.

这棵树死了。
이 나무는 죽었다.

    동사 중에서 심리활동을 나타내는 동사는 정도부사의 꾸밈을 받을 수 있습니다. 예를 들어 '좋아한다喜欢'는 감정은 '좋아하는 편이다比较喜欢' 또는 가장 '좋아한다最喜欢' 등으로 정도가 나누어질 수 있기 때문입니다.

    또 동사에서 주의해야 할 부분이 있는데요, 중국어의 많은 동사들이 명사와 중복품사가 되어 헷갈리기 쉽습니다. 우리말에서는 어말어미에 의해 그 문법 기능이 세밀하게 실현되기 때문에 외형적으로 그것이 동사인지 아닌지를 쉽게 알 수 있지만 중국어는 어미의 첨가나 굴절이 없는 고립어로 의미와 용법에 따라서 품사를 구분합니다.

    더러는 중국어 단어들을 우리 한자어와 연관시켜 오류를 범하는 경우도 있습니다.

学习   학습하다/모방하다 (중국어)
        학습하다/ 학습   (한자어)

따라서 사전을 가까이 하고 어떤 단어가 어떤 품사를 겸하는지 알아둘 필요가 있습니다.

하나 더! 동사의 범주 안에는 동사를 도와주는 조동사助动词도 있습니다. 예를 들어, '그는 요리를 할 수 있다'라는 문장을 만들려면 동사 '做'를 써야하는데 '요리를 할 수 있다'는 동작의 상태와 시간의 위치 외에 다른 재료가 더 필요합니다. 바로 '~할 수 있다', '~일지 모른다', '~해야만 한다', '~하고 싶다'와 같이 능력, 추측, 의무, 바람 등의 분위기를 더해 주는 조동사, 즉 능원동사能源动词가 필요하다는 거죠. 도와주기 때문에 '助'동사, 능력, 가능성이나 소망을 나타내기 때문에 '能源'동사라고도 합니다. 간단하게 메인요리는 나중에 나오는 것처럼 동사는 뒤에, 조동사는 메인이 되는 동사 앞에 위치합니다.

라. 형용사形容词: 사람이나 사물의 성질, 상태를 나타내는 단어로 일반적으로 정도부사의 꾸밈을 받으며 목적어를 가질 수 없습니다.

好　清楚　可爱　雪白　血红　冰凉　　*清楚她

我身体一直很好。
난 늘 건강해.

我已经说得很清楚了。
난 이미 분명하게 얘기했다.

这个孩子真可爱。
이 아이는 무척 귀엽다.

雪白皮肤OOO！
우유 빛깔 OOO！

大海一片血红。
바다가 핏빛으로 물들었다.

现实是冰凉的！
현실은 차가운거야!

마. 수사数词: 수량이나 순서를 나타내는 단어를 가리킵니다.

三　六　九　第一　第二

수사는 기수사, 서수사, 어림수로 나누어지며 일반적으로 양사와 함께 쓰입니다.

1) 수사의 종류와 특징

(1) 기수基数: 수의 크기를 나타냅니다. 정수, 소수, 분수, 배수가 있습니다.

◆ 정수整数: '1, 2, 3 ~'의 숫자와 '일, 십, 백 ~'의 자릿수를 가리킵니다.

◆ 11~19까지 읽을 때엔 '일'을 빼고 읽습니다.

| 11 | 十一 | *一十一 |
| 19 | 十九 | *一十九 |

◆ 수 중간에 '0'은 한 번만 읽습니다.

360005	三十六万零五	* 三十六万零零零五
1004	一千零四	* 一千零零四
10020	一万零二十	* 一万零零二十

◆ 일 단위의 일은 '一', 십은 우리말처럼 '十'로 읽습니다. 하지만 백 단위 이상에서는 우리말과는 다르게 앞에 '一'를 붙여주어야 합니다.

1	一
10	十
100	一百
1000	一千
10000	一万

◆ 일 단위와 십 단위 앞에는 '二', 백 단위 앞에는 '二'과 '两', 천 이상의 단위 앞에는 '两'을 사용합니다. 백 단위 뒤의 '十'는 '一十'로 읽어줍니다.

5. 중국어의 품사词类

22　　⇒　　二十二

202　　⇒　　二百零二　　两百零二

22, 222　　⇒　　两万两千两百二十二

◆ 소수小数: '수사 + 点(.) + 수사'에서 점 앞의 수를 '정수', 점 뒤의 수를 '소수'라고 합니다.

　　　　0.5　　零点五　　　　　　1.36　　一点三六

◆ 분수分数: '수사 + 分之 +수사'로 표시합니다.

　　　　三分之二　　2/3　　　　百分之二十　　20/100

◆ 배수倍数: '수사 + 倍'로 표시한다.

　　　　五倍　　5배　　　　　　十倍　　10배

(2) 서수序数: 순서를 나타냅니다. 주로 '第+수사', '수사+명사'의 형태로 표시합니다.

　　　　第一　　　　　第二　　　　　第三

물론 第를 쓰지 않는 서수표현도 있습니다.

　　一等 二等... 一级 二级... : 大哥 二哥... : 一层 二层... 一楼 二楼... 등등
　　　　등급　　　　　　친족　　　　　　건물 층

(3) 어림수^{概数}: 대략적이고 불확실한 수를 말하는데 나타내는 방법은 다음과 같습니다.

◆ 근접한 두 개의 수사를 사용하여 어림수를 나타냅니다.

两三个　　　三四天　　　四五万　　　五六个

◆ '수사 + 来/多 + 양사 + 명사'와 '수사 + 양사 + 来/多 + 명사'의 형태로도 어림수를 나타낼 수 있습니다. 이 형태에 들어가는 명사는 쪼갤 수 있는 것이어야 하는데 다른 점 하나 있다면 전자의 경우 수사는 0으로 끝나야 하지만 후자의 경우는 수사가 0으로 끝나서는 안 됩니다. 단, 10의 경우엔 위의 두 가지 형식 모두 쓸 수 있습니다.

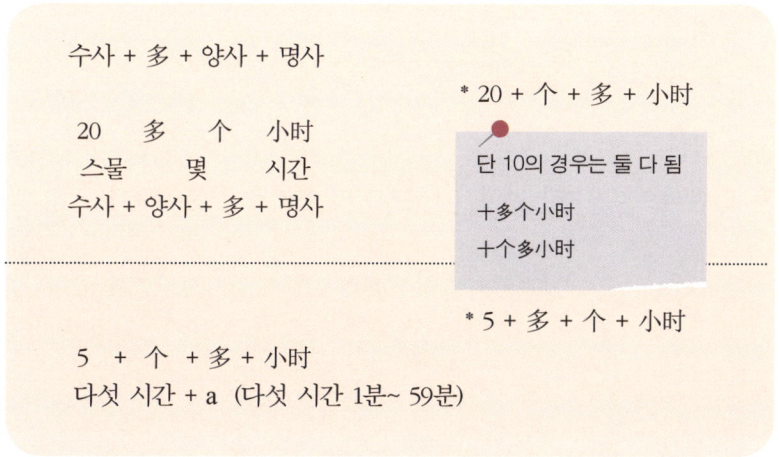

◆ 수사 앞 또는 뒤에 几를 더하여 어림수를 나타낼 수 있습니다.
일반적으로 几는 10 이하의 숫자를 대신합니다.

十几本书
열 몇 권의 책

几十个小时
수 십 시간

几亿几千万个人
수 억 수 천 만명

끝이 나지 않는 대화

你要几个?   몇 개를 원하니?
我要几个...   몇 개만 원해...
你到底要几个?   그래서 몇 개를 원하는데?
我只要几个...   그냥 몇 개면 되는데...

◆ 수사 뒤에 左右나 上下를 더하여 어림수를 나타낼 수 있습니다.

他的身高一米七左右。
그의 키는 170 정도이다.

他有七十上下岁了。
그는 70살 정도이다.

◆ 일반적으로 '수사 + 양사 + 명사'의 형태로 사용됩니다.

一颗心   两位师傅

二, 两, 俩

서수를 표시할 때 일반적으로 二을 사용합니다.

第二   初二   二哥

양사 앞에서는 两을 사용하지만, 도량형을 표시하는 양사 앞에서는 二과 两을 모두 사용할 수 있습니다.

两个   两张   两本
两斤／二斤   两吨／二吨

俩은 两个의 합음合音으로, 직접 명사 앞이나 뒤에 놓일 수 있습니다.

俩人   咱俩   父妻俩

2) 문장에서의 역할

수사는 주어, 술어, 목적어, 관형어로 쓰입니다.

六也是中国人喜欢的数字。(주어)
6도 중국인이 좋아하는 숫자다.

六六三十六。(술어)
6곱하기 6은 36이다.

中国人最喜欢的数字是八。(목적어)
중국인이 가장 좋아하는 숫자는 8이다.

教室里有二十个学生。(관형어)
교실에 20명의 학생이 있다.

바. 양사_{量词}: 사람, 사물의 단위를 나타내고, 수량을 세거나 동작의 횟수를 세는 단어를 가리킵니다.

本　张　条　次　回　遍

1) 양사의 종류

양사는 명량사_{名量词}, 동량사_{动量词}, 시량사_{时量词}로 나눌 수 있습니다.

⑴ 명량사: 명사를 세는 양사로서 주로 관형어로 쓰입니다. 일반적으로 수사는 뒤에 오는 명사를 직접 꾸며줄 수 없으므로 중간에 양사를 더하여 '수사 + 명량사 + 명사'의 구조로 사용됩니다.

　　一张票　표 한장　　两碗饭　밥 두그릇　　三本书　책 세권

명량사 중에서 주의해야 할 것이 있는데, 바로 부정양사_{不定量词}입니다. 정해지지 않은 수량을 표시하는 것으로 点儿과 些가 있습니다. 이것들은 수사 一과 함께 쓰입니다.

多吃(一)点儿吧。
조금 더 많이 먹어.

我想跟你说的就是这(一)些。
내가 너에게 하고 싶었던 말이 이것들이야.

 문법 레시피

동사 뒤에 오는 一는 생략이 가능합니다.

吃(一)点儿水果吧。
과일 좀 먹어.

我家来了(一)些人。
우리 집에 사람들이 왔어.

일반적으로 (一)些는 셀 수 있는 것에, (一)点儿은 셀 수 없는 것에 사용합니다.

请回答这些问题。　　　　　　*请回答这点儿问题。
이 문제들에 답해주세요.

我们还有一点儿希望。　　　　*我们还有些希望。
우리에게는 아직 약간의 희망이 있다.

一点儿 vs 有点儿

이 둘은 비슷해 보여서 헷갈릴 수 있으나 품사부터가 다릅니다. **一点儿**조금은 수량사(수량구조)이고, **有点儿**조금은 부사입니다. 따라서 문장에서의 위치 또한 다릅니다.

这双鞋子大了点儿。　　*这双鞋子大了有点儿。
이 신발은 조금 크다.

这件衣服有点儿大。　　*这件衣服一点儿大。
이 옷은 조금 크다.

☑ 아래의 두 문장은 어떤 차이가 있을까요?

　　(a) 今天冷一点儿。
　　(b) 今天有点儿冷。

(2) 동량사: 동작의 횟수를 나타내는 양사로서 주로 동량보어로 쓰입니다. 일반적으로 '동사 + 수사 + 동량사'의 구조로 사용됩니다.

再说一遍	去一趟	打了一顿
다시 한번 말하다	한 번 다녀오다	한 대 때리다

(3) 시량사: 지속되는 시간을 나타내는 양사로서 '동사+시량보어'의 순서로 쓰여 시량보어로 쓰입니다.

看一个小时	等了一天	学了一年
한 시간을 보다	하루를 기다리다	일년을 공부하다

시량사는 '시량사+명사'의 형태로 관형어로 쓰이기도 합니다.

一个月的工资　　한 달 월급
四年的努力　　　4년의 노력

2) 양사의 특징

(1) 양사는 대부분의 수사와 짝꿍을 이룹니다.

一把钥匙　　열쇠 한자루
读一遍　　　한 번 읽다. (처음부터 끝까지)
看了三场电影　영화 세 편을 보았다.

(2) 일반적으로 수사와 양사 사이에는 다른 성분이 올 수 없습니다.

一座大桥　다리 하나　　*一大座桥
一匹高马　큰 말 하나　　*一高匹马

그러나 둘 이상을 초과하는 집합명사는 수사와 양사 사이에 大나 小를 쓸 수 있습니다.

一大群人　많은 사람들
一小批货　(작은) 한 무더기의 물건

또한 개체양사 뒤의 명사가 사물을 표시할 때에도 수사와 양사 사이에 大나 小와 같은 성분을 쓸 수 있습니다.

一大块石头　큰 돌 하나
两小片牛肉　소고기 두 조각

수사와 양사가 인칭대명사와 함께 쓰일 때 인칭대명사 뒤에 们을 붙이지 않습니다.

五个同学　학우 다섯 명　　*五个同学们
　　　两位老师　선생님 두 분　　*两位老师们

(3) 수량사는 중첩을 할 수 있습니다.
　　abab의 형태로 一个一个, 一回一回, 两张两张 등이 있는데 명량사가 중첩되면 부사어가 되어서 동작의 방식을 표시합니다.

　　　老师把生词一个一个地写在黑板上。
　　　선생님은 새 단어를 하나씩 하나씩 칠판에 썼다.

　　abb의 형태로 一个个, 一遍遍, 一回回 등이 있는데 명량사의 중첩은 관형어로 쓰이며 매우 많음을 의미합니다.

　　　一个个的孩子都很可爱。
　　　아이 한 명 한 명 모두다 귀엽다.

　　ab又ab의 형태로 一个又一个, 一次又一次 등이 있는데 동량사의 중첩은 부사어로 쓰이며 횟수가 많음을 나타냅니다.

　　　我一次又一次地麻烦你，真不好意思。
　　　번번히 번거롭게 해서 정말 미안합니다.

중국어 문법 레시피

> **시간의 표시**
>
> 1월, 2월 …은 '수사+月'의 형태로 모월을 가리키며, 한 달, 두 달 …은 '수량사+月'의 형태로 일정한 시간의 양을 나타냅니다.
>
> 几月몇월?　一月일월, 三月삼월
> 几个月몇달?　一个月한 달, 三个月세 달

3) 문장에서의 역할

양사는 관형어, 목적어, 보어로 쓰입니다.

我买了(一)本书。
나는 책 한권을 샀다. (관형어)

我要两个。
난 두 개가 필요하다. (목적어)

我已经看了三遍。
난 벌써 세 번을 봤다. (보어)

사. **부사**副词: 정도, 시간, 범위, 빈도, 중복, 가능, 어기 등을 나타내는 단어를 가리킵니다.

> 　　　很　已经　都　又　不　一定　明明

5. 중국어의 품사词类

1) 부사의 종류

(1) 정도부사: 주로 형용사와 심리활동동사 앞에서 정도를 나타냅니다.

| 很 太 挺 够 十分 有点儿 更 稍微 多 越来越 白 非常 |

她很好看。
그녀는 예뻐.

别去, 太危险了。
가지마, 너무 위험해.

那个人挺有意思。
그 사람 무척 재미있어.

最近天气够冷的。
요즘 날씨가 너무 추워.

我十分理解你的心情。
나는 네 기분 완전 이해해

东西好是好, 不过有点儿贵。
물건이 좋긴한데 좀 비싸요.

他比我更快。
그는 나보다 훨씬 더 빨라요.

중국어 문법 레시피

请你稍微等一下。
조금만 기다리세요.

这样多爽啊！
이러면 완전 아름답잖아.

我越来越胖。
난 (살이) 점점 더 찌고있어.

真抱歉, 让你白跑了。
헛걸음하시게해서 정말 죄송합니다.

我非常喜欢看电影。
난 영화보는 것을 무척 좋아해.

很과 真

모두 술어 앞에서 정도가 높음을 나타내지만 형용사를 수식할 때에 '很+형용사'는 관형어와 부사어로 쓰일 수 있지만 '真+형용사'는 관형어와 부사어로 쓰일 수 없습니다.

| 她是个很漂亮的姑娘。 | * 她是个真漂亮的姑娘。 |
| 그녀는 아주 아름다운 아가씨다. | |

| 他很不高兴地走了。 | * 他真不高兴地走了。 |
| 그는 아주 좋지않은 기분으로 갔다. | |

(2) 시간부사: 술어 앞에서 시간을 나타냅니다.

> 刚 才 就 已经 曾经 马上 快 总是 老是 从来 终于 还 偶尔

他刚吃完早饭。
그는 막 아침식사를 끝냈다.

十点开会, 他十一点才来。
10시에 회의하는데, 그는 11시가 되서야 왔다.

十点开会, 他八点就来了。
10시에 회의하는데, 그는 8시에 (이미) 왔다.

她已经有男朋友了。
그녀는 이미 남자친구가 있다.

我曾经喜欢过她。
나는 예전에 그녀를 좋아했던 적이 있다.

飞机马上要起飞了。
비행기가 곧 이륙한다.

快开学了。
이제 곧 개학이다.

他总是没有时间。
그는 항상 시간이 없다.

她脾气不好, 老是生气。
그녀는 성격이 안 좋아서 늘 화를 낸다.

 문법 레시피

我从来没喝过酒。
난 지금껏 술을 마셔본 적이 없다.

他终于考上大学了。
그는 마침내 대학에 진학했다.

我们还有五分钟的时间。
우리에겐 아직 5분의 시간이 더 있어.

我偶尔去公园散步。
난 가끔 공원에서 산책한다.

就와 才

시간을 나타낼 때 이 둘은 모두 시간사와 함께 쓰이지만 서로 반대되는 의미를 나타냅니다.

시간사 + 就／才

早上四点我就起床了，我同屋八点才起床。
난 새벽 4시에 일어났는데, 내 룸메이트는 8시에야 일어났다.

今天的作业他用半个小时就做完了，但是我用了两个小时才做完。
오늘 숙제를 그는 30분 만에 끝냈지만 나는 다하는 데 2시간이 걸렸어.

就／才 + 시간사

我们十二点上课，我到教室的时候才九点。
우리는 12시에 수업을 하는데, 내가 교실에 도착했을 땐 (겨우) 9시밖에 안 됐어.

今天我迟到了，到教室的时候就一点了。
오늘 나는 지각을 했어, 교실에 도착했을 땐 (이미) 1시였어.

刚와 刚才

我刚吃完午饭。
난 방금 점심식사를 끝냈어.

刚才我跟她说的话, 她一会儿就忘了。
방금 전에 내가 그녀에게 한 말을 그녀는 금새 잊어버렸어.

(3) 부정부사: 술어 앞에서 부정을 나타냅니다.

| 不 | 没(有) | 并不 | 别 | 勿 | 不必 | 甭 | 绝不 | 不至于 | 不见得 | 非 |

我不走。
나 안 가.

我没有看。
난 보지 않았어.

我并不是故意的。
내가 고의는 아니었어.

别打人, 有话好好儿说。
때리지마, 할 말이 있으면 말로 해.

请勿吸烟。
흡연하지 마세요.

他不必来看我了。
그가 나를 보러 올 필요 없어.

 문법 레시피

甭找他了。
그를 찾을 필요 없어.

他绝不会让给我。
그는 절대 나에게 양보하지 않을 거야.

考试考得不太理想, 但不至于不及格。
시험을 잘 못봤어, 그치만 불합격할 정도는 아니야.

他明天不见得会来。
그가 내일 꼭 올 거라는 보장은 없어.

要解释清楚, 非要你去不可。
제대로 설명하려면, 네가 가야만 해.

不와 没

不는 주관적인 의지를 나타낼 수 있으며 현재, 미래를 가리킬 수 있습니다. 没는 개관적인 서술에 쓰이며 과거와 현재를 가리킬 수는 있지만 미래는 가리킬 수 없습니다.

我感冒了, 不去上课。
나 감기걸렸어, 수업에 가지 않을 거야.

昨天我头很疼, 没去上课。
어제 난 머리가 아파서 수업에 가지 않았어.

这几天工作很累, 没休息, 第二天没去上班。
요며칠 일이 너무 힘들었어, 쉬지도 못했어, 다음 날 출근하지 않았어.

不好意思, 他(没／不)在这里。
미안해, 그는 여기에 없어.

(4) 중복, 빈도부사: 어떠한 일이나 상황이 얼마나 반복되는지를 나타냅니다.

又 再 还 也 常常 往往

他们又吵起来了。
걔네 또 말다툼한다.

请你再说一遍。
다시 한 번 얘기해 주세요.

今天我还要去一趟。
오늘 나 또 다녀와야 해.

他们去，我们也去。
걔네가 가면 우리도 가.

我们几个人常常见面。
우리 몇몇은 자주 만난다.

我们往往在冬天去旅游。
우리는 겨울에 주로 여행을 간다.

(5) 상태부사: 동작이나 상황의 상태를 나타냅니다.

突然 忽然 仍然 亲自 互相 一口气 一下子

 문법 레시피

老师突然来到了我的身边。

선생님이 갑자기 내 옆으로 오셨다.

我的自行车怎么忽然不见了。

내 자전거가 어째서 갑자기 보이지 않지...

下雨了，但我们仍然坚持来上课。

비가 내리지만 우리는 그래도 수업에 참여했다.

无论什么事一定要亲自去做。

어떤 일이든지 반드시 스스로 해야해.

我们互相认识一下。

우리 서로 인사할까요?

他一口气把想说的话都说完了。

그는 한 번에 하고 싶은 말을 다 쏟아냈다.

世界上什么人一下子变老?

세상에 어떤 사람이 순식간에 늙을까?

忽然과 突然

那个人站起来了。
그 사람이 일어났다.

那个人(突然/忽然)站起来了。
그 사람이 갑자기 일어났다.

突然那个人站起来了。　　*忽然那个人站起来了。
갑자기 그 사람이 일어났다.

他走得太突然了。　　*他走得太忽然了。
그가 간 것이 너무 갑작스럽다.

 이 외에 주어 앞에 올 수 있는 상태 부사들은 其实, 难怪, 果然 등이 있습니다.

(6) 어기부사: 말하는 사람의 각종 어기를 나타냅니다.

差点儿　倒　却　到底　究竟　难道　一定　好不容易　只好　几乎

我差点儿没考上大学。
난 대학에 입학하지 못할 뻔했다.

生活好了, 病倒多了。
생활은 나아졌지만, 병은 오히려 많아졌다.

大家都高兴地聊天, 他却什么也不说。
모두 즐겁게 대화를 나누고 있지만, 그는 어떤 말도 하지 않는다.

你到底想怎么样?
넌 도대체 어떻게 하고 싶으냐?

人生究竟是什么?
인생이란 게 결국 뭔가?

难道你们不知道吗?
설마 너희들 몰라?

我一定再来看你。
내가 다시 너를 보러 올게.

我们好不容易才见到他。
우리는 어렵게 다시 그를 만났다.

太晚了，我只好打车回家。

너무 늦었어, 난 택시를 타고 집에 갈 수밖에 없어.

几乎我每天都加班。

난 거의 매일 초과근무를 해.

差点儿과 差点儿+(没)

일반적으로 바라는 일과 바라지 않는 일로 나누어 의미를 볼 수 있습니다.

我差点儿考上大学。　　　바라는 일에는 差点儿를 쓰지 않습니다.
我差点儿没考上大学。　　난 대학에 못들어 갈 뻔했어.

바라지 않는 일에는 두 가지 형식 다 쓸 수 있지만 의미는 같습니다.

我们差点儿迟到。　　　우리는 지각할 뻔했다.
我们差点儿没迟到。

(7) 범위부사: 범위를 제한합니다.

就　都　只

他就喜欢吃东西。

그는 먹는 것을 좋아한다.
(그는 먹는 것은 다 좋아한다. 또는 그는 먹는 것을 무척 좋아한다.)

他们不都是韩国人。

그들은 모두 한국인이 아니다.

这件事只有你一个人不知道。
이 일은 너 한 사람만 몰라.

2) 부사의 위치

(1) 일반적으로 주어 뒤, 동사나 형용사 앞에 위치하며, 조동사나 개사구가 함께 나올 경우엔 그 앞에 위치합니다.

我们都吃完了。
그들은 다 먹었다.

我也想和你一起去。
나도 너와 함께 가고 싶어.

(2) 연동문, 겸어문에서는 첫 번째 동사 앞에 위치합니다.

我不去餐厅吃韩国菜。
난 식당에 가서 한국음식을 먹지 않아.

妈妈不让我出去玩儿。
엄마는 내가 밖에 나가서 놀지 못하게 하신다.

(3) 일부 부사는 주어 앞에 올 수 있습니다.

原来她是韩国人。
알고보니 그녀는 한국사람이야.

 문법 레시피

就星期五没有课。

금요일에는 수업이 없어. (또는 금요일에만 수업이 없어)

3) 문장에서의 역할

부사는 부사어로 쓰인다.

刚才他们来过。

조금 전에 그들이 왔었어. (부사어)

我们都想去。

우리 모두 가고 싶어요. (부사어)

아. 감탄사叹词: 감탄이나 놀람 등을 나타내는 단어를 가리킵니다.

哇　哎呀　哦　咳

哇~ 有这么多？

와~ 이렇게 많아?

哎呀, 真累！

어이구, 힘들다!

哦, 你真的没事吗？

오, 너 정말 괜찮아?

咳, 你怎么搞的？

아이참, 도대체 어떻게 한거야?

자. 의성사象声词: 사물의 소리를 모방하는 단어를 가리킵니다.

> 哈哈　呵呵　叮玲玲

有意思, 哈哈~
재밌네, 하하하~

呵呵, 找到了。
크크, 찾았다.

门铃叮铃铃地响起来了。
초인종이 딩동하고 울렸다.

차. 개사介词: 주로 개사구(개사+명사/대사)의 형태로 술어를 꾸며주며 동작의 시간, 장소, 방향, 대상, 원인, 방식, 비교 등의 뜻을 나타내는 단어를 가리킵니다.

> 从　到　让　对　把　在　自　给　向　叫　把　被

중국어에서 대부분의 개사는 동사에서 변형된 것으로 많이 쓰이는 것 중에서 让, 给, 叫, 在 등은 동사로도 쓰입니다.

1) 개사의 종류
(1) 장소나 시간을 나타내는 개사

从　由　离　在

从这里到你家需要多长时间?
여기서 너희 집까지 얼마나 걸리니?

我们的小组由8个人组成。
우리 소그룹은 여덟 명으로 이루어져 있어.

离你们出国的日子越来越近了, 要好好准备。
너희가 출국할 날짜가 점점 가까워지고 있어, 잘 준비해.

他们在学校食堂吃饭。
그들은 학교 식당에서 밥을 먹는다.

(2) 화제나 대상을 이끌어 내는 개사

对　对于　关于　跟　和

我对她有意思。
난 그녀에게 마음이 있어.

学汉语对于我们的未来一定有好处。
중국어를 공부하는 것은 반드시 우리의 미래에 좋을 거야.

关于这个问题, 我不太清楚。
이 문제에 대해서 난 잘 알지 못해.

我跟你一样喜欢踢足球。
나두 너처럼 축구 하는 거 좋아해.

5. 중국어의 품사词类

我想和你谈谈。
난 너와 얘기하고 싶어.

(3) 방향을 나타내는 개사

| 向 | 往 | 朝 | 在 | 从 | 到 | 离 |

我要向大家表示谢意。
난 모두에게 감사를 표하고 싶어.

去图书馆要往西走。
도서관에 가려면 서쪽으로 가야 해.

我住在首尔的北部。
난 서울의 북쪽에 살아.

一直走, 走到到底。
계속 가, 끝까지 가.

超市离家不太远。
마켓은 집에서 그리 멀지않아.

(4) 원인이나 목적을 나타내는 개사

| 为 | 为了 | 因为 | 由于 |

我们是为你来的。
우리는 너를 위해서 왔어. (우리가 온 이유는 너 때문...)

 문법 레시피

为了孩子, 父母什么都做。

아이를 위해서 부모는 무엇이든지 한다.

因为你快乐, 所以我快乐。

네가 기뻐서 나도 기쁘다.

由于工作关系, 我在上海多留了几天。

일 문제로 난 상해에서 며칠 더 머물렀다.

2) 어법특징

(1) 기본적으로는 술어 앞에 위치하여 부사어로 쓰입니다.

他给孩子们讲课。

그는 아이들에게 수업을 한다.

我们以茶代酒吧。

우리 차로 술을 대신하자.

给, 向, 往, 在, 自, 于 등 일부 개사는 술어 뒤에 올 수도 있습니다. 이때 개사는 술어 뒤에서 보어로 쓰입니다.

我把车借给他了。

난 차를 그에게 빌려줬다.

那条路通向我家。

그 길은 우리집으로 통한다.

这趟火车开往上海。
이 기차는 상해로 간다.

(2) 개사구는 부사와 능원동사 뒤에 위치합니다.

我不想把这个秘密告诉你。
난 이 비밀을 너에게 얘기해주고 싶지 않아.

3) 문장에서의 역할

개사구는 관형어, 부사어, 보어로 쓰입니다.

我买了一本关于中国文化的书。
난 중국문화에 관한 책 한권을 샀다.

这件事由我负责。
이 일은 내가 책임진다.

我就住在学校里。
난 학교 안에서 살아.

카. 접속사连词: 단어, 구, 문장을 서로 연결해 주는 단어를 가리킵니다.

| 和　跟　无论　虽然~但是　因为~所以　如果~就 |

灰色和金色和...
회색이랑 금색이랑 그리고...

 문법 레시피

我想跟你一起走。
나 너랑 함께 가고 싶어.

无论何时, 无论到何时~
언제나 언제까지나~

他虽然不太聪明, 但是非常用功。
그는 비록 똑똑하진 않지만 열심히 한다.

因为你, 所以我存在。
너 때문에 내가 있는거야.

타. 조사助词: 구체적인 의미가 없어 단독으로 사용할 수 없으며 일반적으로는 다른 단어, 문장에 첨가되어 일정한 구조관계, 부가의미, 어기 등을 나타내는 단어를 가리킵니다.

了 着 过 的 地 得 啊 吗 吧

他走了。
그는 갔어.

我躺着。
난 누워있어.

我们都去过中国。
우리는 모두 중국에 가봤어.

他不是我的朋友。
그는 내 친구가 아니야.

他们都在辛勤地工作。
그들은 모두 열심히 일하고 있다.

你们今天吃得怎么样？
너희들 오늘 식사 어땠니?

朋友啊, 朋友…
친구야, 친구…

你还好吗？
너 (여전히) 잘 지내니?

我们分手吧。
우리 헤어져.

6. 중국어의 문장성분은 몇 개?

여러 단어가 모여서 하나의 문장을 만드는데, 그 문장 안에서 각 단어가 하는 역할을 문장성분이라고 합니다. 중국어의 문장성분에는 주어, 술어, 목적어, 관형어, 부사어, 보어 등 6개가 있습니다.

(1) 주어主语

일반적으로 문장의 앞부분에 위치하고, 그 문장의 주체가 되는 성분으로 우리말의 '누가, 무엇이' 정도로 보면 됩니다.

我看电影。
나는 영화를 본다.

(2) 술어谓语

주어 뒤에 놓여 주어가 무엇을 하는지, 어떤 상태인지 설명해 주는 성분으로 우리말의 '~하다' 정도로 보면 됩니다.

他喝咖啡。
그는 커피를 마신다.

(3) 목적어宾语

일반적으로 주어 동작, 행동의 대상이 되는 성분으로 우리말의 '~을/를' 정도로 보면 됩니다.

我喜欢她。
나는 그녀를 좋아한다.

(4) 관형어定语 (=한정어)

주어나 목적어 앞에서 주어나 목적어를 우리말의 '~의, ~한' 정도로 보면 됩니다.

他是我的朋友。
그는 나의 친구입니다.

(5) 부사어状语 (=상황어)

술어 앞에서 동작이 일어난 시간이나 장소, 동작의 정도나 상태, 동작의 빈도, 어기 등을 나타내는 성분입니다.

今天天气非常热。
오늘 날씨가 매우 덥다.

(6) 보어 补语

술어 뒤에서 상황, 결과, 정도, 가능, 수량 등을 보충해 주는 성분입니다.

我找到工作了。
나는 일을 찾았다.

☑ 문장성분을 나누어 보세요

1) 난 숙제가 많아.
   我有很多作业。

2) 그는 중국인입니다.
   他是中国人。

3) 이 가방 내 맘에 들어.
   这个包我喜欢。

4) 난 올해 스무살이다.
   我今年二十岁。

6) 그녀는 늘 단 것만 먹어
   她总是吃甜的东西。

7) 난 귀여운 여동생이 있다.
   他有一个很可爱的妹妹。

8) 한국의 날씨가 이렇지 뭐.
   韩国的天气就是这样的。

7.
우리가 잘 모르고 있는 문장성분에 대한 몇 가지

첫째, 주어는 명사만 된다?

그렇지 않습니다. 명사만 될 수 있는 것이 아니라 동사(구), 형용사(구)도 주어가 될 수 있습니다. 어떤 문장은 주어가 없는 경우도 있습니다.

去好还是不去好? (동사가 주어로)
가는 것이 좋을까 안 가는 것이 좋을까?

好是好, 不过… (형용사가 술어로)
좋긴 좋아, 다만…

要下雨了。(주어가 없는 문장)
비가 오려고 한다.

둘째, 주어는 반드시 동작, 행위를 하는 주체다?

아닙니다. 주어는 설명을 필요로 하는 서술의 대상입니다.

最近他的态度有点奇怪。(이 문장의 주어는 态度)
요즘 그의 태도가 조금 이상해.

셋째, 술어는 동사나 형용사만 된다?

그렇지 않습니다. 명사도 술어가 될 수 있고, 주어와 술어로 이루어진 주술구主谓句도 술어가 될 수 있습니다.

今天星期二。(명사가 술어로)
오늘은 화요일.

他身体很好。(주술구'身体+很好'가 술어로)
그는 몸이 건강해

넷째, 부사어와 보어가 헷갈린다?

의미적인 부분만 놓고 보면 충분히 그럴 수 있습니다. 하지만 중국어의 어순을 살펴보면 부사는 술어 앞에, 보어는 술어 뒤에 옵니다. 우리말에는 보어가 없기 때문에 보어의 쓰임이 이해하기 어려울 수 있습니다. 하지만 보어의 느낌을 우리말의 부사어 정도로 보면 될 것 같습니다.

그는 빨리 달려...

*他快跑。

> 그는 달리는 게 빨라...
>
> 他跑步跑得很快。　他跑得非常快。（무척 빠르다）
>
> 　　　　　　　　他跑得特別快。（유난히 빠르다）
>
> 　　　　　　　　他跑得像火箭一样快。（로켓처럼 빠르다）

8.
중국어의 어순

중국어는 크게 주어부+술어부로 나누어 볼 수 있습니다. 여기서 주어부는 설명을 필요로 하는 서술의 대상이구요, 술어부는 주어를 설명을 해주는 역할을 담당합니다.

他明天来韩国。
그는 내일 한국에 온다.

他는 설명을 필요로 합니다. 그는 누구? 그가 왜? 그가 무엇을? 등의 설명말이죠. 술어부 明天来韩国가 他에 대해서 설명해주고 있네요. 내일 한국에 온다고요.

자, 여기서 잠시 소소하게 팁을 드리자면 띄어쓰기가 없는 중국어를 끊어서 읽을 땐 주어부와 술어부를 나누어 읽어주면 의사전

달에 도움이 됩니다.

他是／学生。 〈 他／是学生。

왠지 라임을 맞춰서 두 글자씩 끊어 읽으면 더 괜찮아 보일 것 같지만 사실 그렇지 않다는 겁니다.

자, 중국어와 우리말의 어순은 어떤 차이가 있을까요? 크게 두 가지 정도를 들 수 있는데요, 하나는 목적어가 술어 뒤에 온다는 점(술어부를 만드는 데 있어서 목적어가 술어 뒤에 붙는다고 받아들이면 문장을 만드는 데 도움이 됩니다.), 또 다른 하나는 술어를 보충해주는 보어가 술어 뒤에 위치한다는 점이 있겠습니다. 문장의 확장을 통해서 문장성분이 어떻게 추가되며 얼마나 더 풍부하고 자세히 바뀌는지 살펴보도록 합니다.

(1) 주어+술어+목적어

我 + 喝 + 咖啡。
나는 커피를 마신다.

(2) 주어+술어+보어

我 + 喝 + 光(了)。
나는 다 마셨다.

(3) 주어+술어+보어+목적어

我 + 喝 + 光(了) + 咖啡。
나는 커피를 다 마셨다.

(4) 주어+술어+보어+관형어+목적어

我 + 喝 + 光(了) + 两杯 + 咖啡。
나는 커피 두 잔을 다 마셨다.

(5) 관형어+주어+술어+보어+관형어+목적어

我 + 弟弟 + 喝 + 光(了) + 两杯 + 咖啡。
내 남동생은 커피 두 잔을 다 마셨다.

(6) 관형어+주어+부사어+술어+보어+관형어+목적어

我 + 弟弟 + 已经 + 喝 + 光(了) + 两杯 + 咖啡。
내 남동생은 커피 두 잔을 벌써 다 마셨다.

(7) 부사어+관형어+주어+부사어+술어+보어+관형어+목적어

昨天 + 我 + 弟弟 + 在咖啡厅 + 喝 + 光(了) + 两杯 + 咖啡。
어제 내 남동생은 커피숍에서 커피 두 잔을 다 마셨다.

✅ 어순을 올바르게 배열해 보세요

1) 그녀는 맥도날드에서 햄버거를 먹습니다.
   她   麦当劳   吃   在   汉堡包

2) 그는 스타벅스에서 커피 마시는 것을 좋아합니다.
   喜欢   他   咖啡   喝   在星巴克

3) 나의 친구는 할리우드 영화 보는 것을 좋아합니다.
   我的   喜欢   朋友   电影   看   好莱坞

4) 이 학생식당은 매우 깨끗합니다.
   这个   学生   很   食堂   干净

5) 그 날부터 그들은 통통한 왕선생님을 좋아했습니다.
   他们   胖胖的   喜欢   从那天起   上了   王老师

9. 문장부호

글말은 문장부호를 통해서 말하는 이의 느낌을 표현하게 됩니다. 사실 중국어로 문장을 만들고 이해하는데 가장 기본이 되면서도 중요한 부분이라고 여겨집니다. 우리말의 문장부호와는 뭐가 또 어떻게 다른지 살펴보면서 숙지하도록 합니다.

。 句号 jùhào 문장 끝에 쓰이는 마침표.

我们都是喜欢中国的人。
우리는 모두 중국을 좋아하는 사람들이다.

, 逗号 dòuhào 문장의 중간에 쓰이는 쉼표.

不同的人, 有不同的看法。
사람마다 서로 다른 생각을 가지고 있다.

중국어 문법 레시피

、 顿号 dùnhào 여러 항목을 나열할 때 쓰는 부호.

芒果、柿子、菠萝、葡萄 等等, 这些水果我都喜欢吃。

망고, 감, 파인애플, 포도 등, 이런 것들은 다 내가 좋아하는 과일이다.

； 分号 fēnhào 병렬된 절 사이에 쓰는 부호.

春天, 我们播种；秋天, 我们收获。

봄에 우리는 씨를 뿌리고, 가을에 우리는 수확을 한다.

： 冒号 màohào 다음 문장을 이끌어 내는 부호.

俗话说："车到山前必有路"。

흔히 "차가 산에 도착하면 반드시 길이 있다"라고 한다.

" " 引号 yǐnhào 인용, 특정한 호칭 등을 나타내는 부호.

有部电影很好看, 叫"人在囧途"。

"인재경도"라고 하는 재미있는 영화가 있다.

( ) 括号 kuòhào 주석 부분을 나타내는 부호.

tvN 《卞赫的爱情》(변혁의 사랑) 是即将在10月14日起播出的周末剧。

tvN (변혁의 사랑)은 10월 14일부터 방송되는 주말연속극이다.

— 破折号 pòzhéhào 화제의 전환이나 부연설명을 나타내는 부호.

到 Face book(脸谱)专页 — "Give Me Hug"(给我一个拥抱)留言…

Face book "Give Me Hug"에 오셔서 메모 남겨주세요.

… 省略号 shěnglüèhào 생략표, 말줄임을 나타내는 부호.

"你说得有道理, 不过……"

"네 말은 일리가 있어, 하지만……."

《 》,〈 〉 书名号 shūmínghào 서명, 곡 등의 명칭을 나타내는 부호

力克胡哲写 《give me hug》 在什么书店都能买到。

닉 부이치치의 《give me hug》는 어느 서점에서도 살 수 있다.

· 着重号 zhuózhònghào 강조를 나타내는 부호

路是走出来的, 事业是干出来的。

길은 걸어서 만들어지는 것이고, 사업은 노력해서 만들어지는 것이다.

· 间隔号 jiàngéhào 월, 일 사이나 외국인 또는 소수민족 인명 내부를 구분하는 부호

五·四 运动　　力克·胡哲

5·4운동　　　닉·부이치치

? 问号 wènhào 물음표.

你想家吗?

너 집이 그립니?

! 感叹号 gǎntànhào 느낌표, 감탄부호.

那部电影好看极了!

그 영화 너무 재미있어.

10.
그는 누구도 몰라요. (주어 & 화제)

여러 가지 형태의 술어 중에서 주어와 술어로 이루어진 술어도 있습니다. 동사술어문이나 형용사술어문이 조금 더 확장된 형태라고 할 수 있는데요. 큰 주어와 작은 주어를 제외하고 술어는 대부분 형용사나 동사로 이루어져 있기 때문입니다. 그럼 '그는 누구도 몰라요'를 중국어로 만들어 볼까요?

他　谁　都　不认识　　　 그는 아무도 모른다.
그는　누구　도　몰라요.　　　누구도 그를 모른다.

이런 구조의 문장을 좀 더 살펴보도록 하겠습니다.

我身体很好。(소주어는 대주어의 부분)
난 건강이 좋아요.

他工作很忙。(대주어가 술어의 묘사 대상)
그는 일이 바빠요.

那件事人人都知道。(대주어가 술어의 대상)
그 일은 모두가 다 알고 있어요.

这句话我没有说过。(대주어가 술어의 대상)
이 말은 내가 한 적이 없다.

위의 예문들은 모두 대주어^{전체문장의 주어}와 소주어^{술어 부분의 주어}로 이루어져 있습니다. 이 두 주어는 관계가 여러 가지로 나타나는데요, 소주어가 대주어의 부분일 수도 있고 '他个子很高。^{그는 키가 커.}', 서로 대상과 주체의 관계일 수도 있으며 '这件事大家都知道。^{이 일은 모두가 알고있어.}', 대주어가 소주어의 설명이나 묘사의 대상이 되기도 합니다 '这个人我认识。^{이 사람 나 알아}'.

표현레시피

대주어 + 술어 (소주어+형용사술어 / 소주어+동사술어+(목적어))

☑ 어순을 올바르게 배열해보세요.

1) 한국은 사계절이 뚜렷한 편이다.
   韩国   四季   分明   比较

2) 모두가 이 일을 몰라요.
   大家   都   这件事   不知道

3) 나는 체중이 100킬로그램이에요.
   我   体重   100公斤   有

4) 난 이 책을 몇 년 전에 읽었어.
   我   这本书   几年前   念   过

11.
넌 내꺼! (是~的)

꽤 오래전이네요. 영화 와호장룡(卧虎藏龙)을 참 재미있게 본 기억이 있습니다. 인상적인 장면 중에서 야밤에 우리의 남자주인공이 말을 타고 여자주인공의 집을 찾아와 "你是我的~! 你是我的~!"라고 외치는 장면이 나오는데요.

'넌 나의?' 무슨 말인가요? 그렇죠, 뭐 아마도 넌 나의 사랑이라든가, 넌 내 여자라든가 등의 의미겠죠.

중국어에서 조사 '的'는 여러 가지 기능을 가지고 있습니다. 그 중 소유나 소속 또는 직업을 나타낼 경우, 的 뒤에 오는 성분을 생략하기도 합니다. 이 경우엔 '~의'가 아닌 '~의 물건(소유)', '~하는 사람(신분)' 등의 의미를 나타내게 되는데, 말하는 이와 듣는 이 모두가 的뒤의 성분에 대해 서로 알고 있어야 하겠죠?

你是我的女人。 넌 내여자야. = 你是我的。
这是我的东西。 이건 내 물건이야. = 这是我的。
我是开车的司机。 난 운전기사야. = 我是开车的。

다음은 '난 중국어를 공부하는 학생입니다'라는 의미를 나타내는 예문들입니다. 같은 의미를 나타낸다고 하더라도 다양한 표현 방식이 존재하니까 선호하는 마음에 드는 방식을 골라서 쓰면 되겠습니다.

我是汉语系的学生。
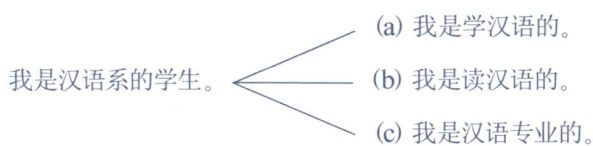
(a) 我是学汉语的。
(b) 我是读汉语的。
(c) 我是汉语专业的。

'是~的' 형식의 문장은 다양한 의미를 나타냅니다.

我们是来学汉语的。 (목적)
우리는 중국어를 공부하러 왔다.

他是从中国来的。 (장소)
그는 중국에서 왔다.

我们是坐公共汽车来的。 (동작의 방식)
우리는 버스를 타고 왔다.

这个菜是我做的。(동작의 주체)
이 음식은 내가 만든 거다.

他说的那句话是对我说的。(대상)
그가 하는 그 말은 나에게 하는 말이다.

他牙齿不好, 是从来不刷牙的的。(원인)
그의 치아가 안 좋은 것은 양치를 하지 않기 때문이다.

표현레시피

주어 + 是 + 목적어 + 的

☑ 어순을 올바르게 배열해보세요.

1) 난 중국어를 가르치는 선생이야.
　　我　汉语的　教　是

2) 그는 요리하는 사람이야.
　　他　做菜的　是

3) 그녀는 중국에서 유학하는 학생이야.
　　她　在中国　留学的　是

4) 나는 한국에서 영화를 찍는 사람이야.
　　我　在韩国　是　电影的　拍

12.
너 밥 먹었니? (了)

중국어를 배우지 않은 사람이나 중국에 가보지 않은 사람들도 '밥 먹었니?' 정도의 표현은 미디어를 통해 알고 있습니다. 물론 조금 많이 다르고 어색하지만 말이죠. 다음의 대화를 보겠습니다.

你吃饭了吗?　　밥 먹었니?
(a) 我吃饭了。　　밥 먹었어.
(b) *我吃了饭。

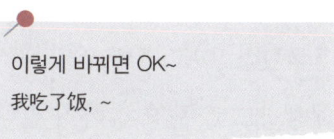

이렇게 바뀌면 OK~
我吃了饭, ~

밥을 먹었냐는 질문에 대한 올바른 대답은 (a)가 맞습니다. 了가 술어동사 뒤에 위치하는 것이 맞지 않겠느냐는 의문이 생길 수 있습니다. 물론 그게 올바른 접근입니다만 한 가지 주의해야 할 부분이 있습니다. 만약에 목적어가 수식관계로 이루어지지 않은 단순

한 것이라면 了는 문장 끝에 붙여준다는 것입니다.

사실 엄밀히 말해 '난 밥을 먹었어'라는 표현은 '我吃了饭了.' 입니다. 다만 목적어가 꾸밈을 받지 않는 것이라면 그냥 뒤에 있는 '了' 하나만으로 two in one하여 완료와 변화를 표현하자는 것이 하나의 약속입니다.

여기서 꾸밈을 받는다는 것은 그냥 밥이 아닌 '밥 두 그릇', '돌솥 비빔밥' 등 밥을 더 구체적으로, 즉 특정한 것으로 만들어 주는 것을 의미합니다.

我吃了两碗米饭。
나는 밥을 두 그릇 먹었다.

> 엄밀히 말하면 米饭, 冷面도 구체적인 수식구조라고 볼 수 있습니다.

我吃了拌冷面。
나는 비빔냉면을 먹었다.

그러면 (b)는 무슨 의미일까요? 우리말로는 '나는 밥을 먹고...'에 해당하므로 문장이 아직 끝나지 않았다고 볼 수 있습니다. 다시 말해 뒤에 오는 성분에 따라서 과거형을 나타낼 수도 있고, 미래형을 나타낼 수도 있다는 것입니다.

他吃了饭, 去图书馆了。   난 밥을 먹고 도서관에 갔다.
他吃了饭, 去图书馆。   난 밥을 먹고 도서관에 갈 것이다.

자, 了는 과거표지가 아니라 동작의 완료를 나타내는 표지입니다. 그러면 '밥 두 공기를 먹고 라면도 한 그릇 먹었다'면 어떻게 표현하면 좋을까요?

我吃了两碗饭, 还吃了一碗拉面。
난 밥 두 그릇을 먹고 면도 한 그릇 더 먹었다.

목적어가 복잡한 수식구조로 이루어졌다면 그냥 그 자체로도 문장으로도 성립이 가능하고 뒤에 다른 성분을 붙여줄 수도 있습니다.

표현레시피
주어 + 술어 + 간단한 목적어 + 了
주어 + 술어 + 了 + 꾸밈을 받는 목적어

☑ 어순을 올바르게 배열해 보세요

1) 그는 학교에 갔다.
   他　学校　去　了

2) 요즘 그는 살이 쪘다.
   最近　了　胖　他

3) 오늘 너 아침 먹었니?
   今天　你　了　早饭　吃　吗?

4) 그는 수업이 끝나면 바로 집으로 간다.
   他　就　课　下了　回家

5) 우리는 저녁 먹고 영화 보러 갈 거야.
   我们　就　吃　晚饭　完　去　电影　看

13.
너희들 만리장성 가봤니? (过)

중국어에서 '~를 해봤냐'라는 표현의 대표주자는 바로 过입니다. 술어동사 뒤에 와서 경험을 나타냅니다. 여기서 말하는 경험은 적어도 우리의 일상에서 매일같이 일어나는 그런 것을 얘기하는 것이 아니라고 보면 됩니다.

你们去过长城吗?
너희들 만리장성 가봤니?

你吃过火锅吗?
너 샤부샤부 먹어 봤니?

你打过乒乓球吗?
너 탁구 쳐 봤니?

> 그럼 '你吃过饭了吗?'는 틀린 건가요?
> 그렇지 않습니다. 이 경우 술어동사 뒤에 오는 '过'는 완료의 의미를 나타내는 '了'와 같다고 보면 됩니다.
>
> a: 你吃过饭了吗? 밥 먹었니?
> b: 我吃过了。   밥 먹었어.

아래의 질문은 어떤가요?

你吃过饭吗?
너 밥 먹어봤니?

이 질문은 过가 먹다라는 동작의 완료 여부를 묻는 것일 수도 있고, 밥을 먹어본 적이 없는 사람에게 하는 질문이 될 수도 있겠습니다.^^;;

자, 그럼 '~해본 적이 없다'는 말은 어떻게 표현하면 될까요?

你去过长城吗?
너 만리장성에 가봤니?

(a) 我去过长城。
    나 만리장성에 가 봤어.

(b) 我没去过长城。
    나 만리장성에 가본적 없어.

(b)의 대답에서 了를 붙이는 실수를 하는 경우를 종종 봅니다만, 그럼 안 되겠죠. 왜냐하면 가봤다는 사실이 없는 거니까 '没有 + 去过'만 써주면 되겠죠. 따라서 다음과 같이 표현해주면 깔끔하겠네요.

我没有去过长城。   *我没去过长城了。
난 만리장성에 가본 적이 없다.

 문법 레시피

표현레시피

주어 + 술어 + 过 + 목적어

주어 + 没有 + 술어 + 过 + 목적어

☑ 어순을 올바르게 배열해 보세요

1) 너희들 중국에 가봤니?
   你们 中国 去 过 吗

2) 나는 중국 음식을 먹어 본 적이 있어.
   我 中国菜 吃 过

3) 나 몇 년 전에 상해에 와 본적이 있어.
   我 几年前 上海 来 过

4) 난 중국 노래를 들어 본적이 없어.
   我 中国歌 听 过 没有

5) 나는 북경에 가서 북경오리를 먹어 본 적이 있어.
   我 北京 去 北京烤鸭 吃 过

了와 过의 의미참고도

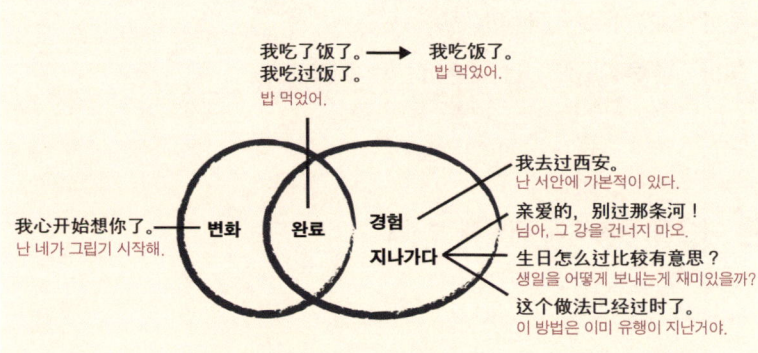

14.
너 지금 뭐하고 있니? (在)

한자 자체적으로 형태의 변화가 없는 중국어는 어떻게 진행을 표현할까요? 간단하게는 술어를 담당하는 동사 앞에 '在'를 붙여주면 됩니다. 아래의 두 문장의 차이는 그저 在가 있고 없고의 차이처럼 보이지만 의미는 크게 다르다는 것이죠.

我吃饭。　　　난 밥을 먹는다.
　　　　　　　나 밥 먹어 (진행의 의미)
　　　　　　　난 밥 먹을 거야. (면이나 피자 아니고 밥)

我在吃饭。　　난 밥을 먹고 있어.

진행의 표현은 술어 앞에 진행표지 在를 붙여주면 됩니다. 그렇다면 '너 지금 뭐하고 있니?'는 어떻게 만들까요?

你 + 在 + 干 + 什么?
너 지금 뭐하고 있니?

진행표현에 있어서 중요한 것은 지금, 현재니까 시간명사 现在를 더해서 표현할 수도 있겠습니다. 이땐 중복되는 在를 생략하는 것이 일반적입니다.

你 现在 干什么?
너 지금 뭐하고 있니?

진행표현 하면 빼놓을 수 없는 게 또 하나 있죠... 바로 着인데요, 着는 동작의 지속과 상태의 지속을 나타냅니다.

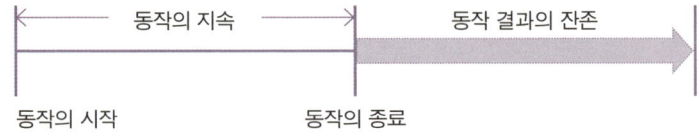

동작의 지속은 동작자의 동작이 이루어진 후 동작이 지속상태에 있음을 나타냅니다.

妈妈做着饭呢。　　(= 妈妈　正在/在　做饭。)
엄마께서 밥을 짓고 계셔.

 문법 레시피

她写着信呢。（= 她　正在/在　写信呢。）

그녀는 편지를 쓰고 있어.

상태의 지속은 동작 결과의 잔존상태를 나타냅니다.

门开着呢。

문이 열려 있다.

灯还亮着呢。

등이 아직 켜져 있다.

표현레시피
주어 + 在 + 술어 + 목적어
주어 + 술어 + 着 + 목적어
주어 + 술어 + 着

☑ 어순을 올바르게 배열해 보세요.

1) 너 휴대폰 가지고 있니?
   你　手机　拿　着　吗

2) 그녀는 울면서 나와 헤어졌어.
   她　哭　和　我　分手　着　了

3) 그는 침대에 누워있어.
　　他　床上　在　躺着

4) 나 지금 옷 입고 있어.
　　我　在　衣服　穿

5) 그는 도서관에서 공부하고 있어.
　　他　图书馆　学习　在

15.
그는 거기서 10년째 살고 있어. (了~了)

중국인들과 이야기를 하다가 어떤 표현을 하고 싶은데 어떻게 말을 해야 좋을지 몰라 주저하다가 그냥 잘근잘근 쪼개서 전달하거나 아니면 비슷한 표현으로 대신하는 경우가 있습니다. 누구나 한번쯤 겪어보지 않았을까 생각되는데요, 지금 저 표현도 주저하게 하는 것 중에 하나라고 생각됩니다. 볼까요? 그가 10년 전부터 거기서 살았고 지금도 여전히 살고 있다는 말인데요, 아래에 이해하기 쉽게 표로 만들어봤어요.

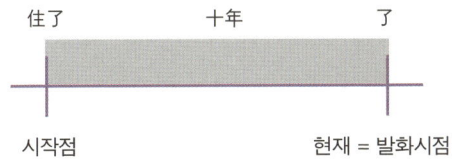

자, 중요한 틀은 잡았으니 이제 문장을 완성시켜 보겠습니다.

他在那儿住了十年了。
그는 그곳에서 10년째 살고 있다.

그러면 '그가 그곳에서 10년을 살았다'라는 것은 어떻게 표현할까요?

他在那儿住了十年。
그는 그곳에서 10년을 살았다.

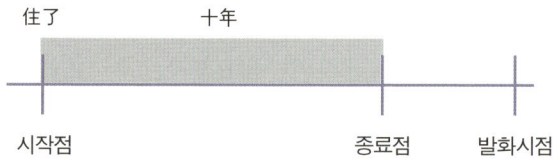

10년을 살았다는 것은 발화시점보다 과거에 해당하는데, 발화시점과 가까운 과거도 될 수 있고, 먼 과거도 될 수 있겠습니다. 중요한 건 발화시점보다 과거시점의 일이라는 것과 발화시점, 즉 현재는 살고 있지 않다는 것이죠. 그렇다면 그는 최소한 10살 이상이어야겠죠^^?

> **표현레시피**
>
> 술어 + 목적어 + 술어 + 了 + 시간/수량 + (목적어)
> 술어 + 목적어 + 술어 + 了 + 시간/수량 + (목적어) + 了

☑ 어순을 올바르게 배열해 보세요.

1) 그는 20년째 학생들을 가르치고 있다.
   他   二十年   学生   教   了   教了

2) 어제 난 14시간을 잤어.
   昨天   我   十四个小时   睡了

3) 우리가 널 두 시간을 기다렸어.
   我们   你   两个小时   等了   等

4) 그들은 이미 두 시간째 기다리고 있다.
   他们   已经   两个小时   等了   了

5) 우리는 지하철을 타고 그의 집으로 갔다.
   我们   地铁   他   家   坐   去了

16.
비행기가 곧 이륙한데... (要~了)

형태가 없는 중국어의 특성상 동사가 나타내는 상태를 적절하게 표현하기가 아무래도 좀 어려운 건 맞는 것 같습니다. 그렇기 때문에 동작의 상태를 나타낼 때 동사와 짝꿍이 되는 것들을 잘 알아둬야 합니다. '곧 ~하려고 한다'는 발화시점에서 볼 때 아주 가까운 미래라고 볼 수 있겠습니다.

비행기가 곧 이륙한다.
飞机 要 起飞 了。

'곧 ~하려고 한다'라는 표현은 '要~了'를 써주면 됩니다. 만약 그 상황이 발화시점과 많이 가깝거나 그 가까움을 강조하고 싶으면 부사 快나 就를 要 앞에 넣어주면 됩니다.
여기서 하나, 就要 앞에는 긴박함을 강조하는 시간요소를 넣어서 표현할 수도 있습니다.

飞机快要起飞了。
비행기가 곧 이륙하려고 한다.

飞机 五分钟 就要起飞了。
5분 뒤면 비행기가 이륙한다.

표현레시피

주어 + 要 + 술어 + 了
주어 + (快) + 要 + 술어 + 了
주어 + 시간 + (就) + 要 + 술어 + 了

☑ 어순을 올바르게 배열해 보세요.

1) 곧 새해이다.
   快　新年　了　要

2) 그녀가 곧 결혼한다.
   她　快　结婚　要　了

3) 우리는 이제 상해를 떠난다.
   我们　就要　上海　离开　了

4) 기차는 10분 뒤면 출발한다.
   火车　就要　十分钟　出发　了

5) 그가 금방 올 거야.
   他　马上　就　来　了

17.
노래로 살펴보는 "了"

중국의 4대 천왕 중 하나인 张学友^{장학우}의 노래 중에 我真的受伤了나 정말 상처받았어라는 노래가 있습니다. 노래 가사 중 了가 많이 나오거든요, 각각의 了는 모두 어떤 쓰임인지 살펴봅니다.

窗外阴天了, 音乐低声了, 我的心开始想你了.
창밖이 어두워지고, 음악소리가 나지막해지니, 네가 생각나기 시작했어.

灯光也暗了, 音乐低声了, 口中的棉花糖也融化了.
불빛은 어두워지고, 음악소리가 낮아지니 내 입속의 솜사탕 또한 녹아버렸어.

窗外阴天了, 人是无聊了, 我的心开始想你了.
창밖은 어두워지고, 사람들은 무료해지고 내 마음은 다시 널 그리워 해.

电话响起了, 你要说话了, 还以为你心里对我又想念了。
전화벨이 울리고 네가 말을 꺼낼 때 너 또한 날 다시 그리워하는 줄 알았어.

怎么你声音变得冷淡了, 是你变了, 是你变了。
왜 네 목소리가 차갑게 변했지? 그래 네가 변한 거야, 그래 네가 변한 거야.

灯光熄灭了, 音乐静止了, 滴下的眼泪已停不住了。
불빛이 꺼지고, 음악이 멈추니 떨어지는 눈물을 멈출 수가 없어.

天下起雨了, 人是不快乐, 我的心真的受伤了。
하늘에서 비가 내리기 시작했어. 난(나도 내 눈에 보이는 다른 사람들도) 즐겁지 않고, 나의 마음은 정말 상처받았어.

중국어 문법 레시피

18.
걸을 수 있어? (能 & 会)

'~할 수 있다'라는 표현은 두 가지 의미를 지닙니다. 하나는 학습이나 경험을 통해 습득한 어떤 능력을 갖추고 있다는 것을, 다른 하나는 객관적인 조건이나 가능성을 의미합니다.

他会走路吗?
그는 걸을 수 있어요? (어린아이가 걸음마는 할 수 있는지에 대한 물음)

他能走路吗?
그는 걸을 수 있어요? (다리를 다쳤거나 하는 상황에서 걸을 수 있는지에 대한 물음)

会와 能은 모두 능력을 나타냅니다만 부정을 해보면 둘의 의미 차이가 더 분명해 지는 것을 볼 수 있습니다.

他不会开车。
그는 운전을 할 줄 몰라.

他不能开车。
그는 운전을 할 수 없어.

또한 很, 真, 非常, 特别 등의 부사를 会를 앞에 놓아 '어떤 일을 매우 잘한다'라는 의미를 나타낼 수 있습니다. 이때 '잘한다'라는 개념은 학습을 통하여 할 수 있는 것을 넘어 어느 정도 경지에 오른 것을 의미합니다.

她很会做菜。
그녀는 요리를 무척 잘해.

这个人很会说话。
이 사람은 말을 아주 잘해.

> **표현레시피**
>
> 주어 + 会 + 술어 + 목적어 (학습을 통한 능력)
> 주어 + 能 + 술어 + 목적어 (조건하의 능력)
> 주어 + 很, 真, 非常, 特别 + 会 + 술어 + 목적어 (일정한 경지에 다다른 능력)

✅ 어순을 올바르게 배열해 보세요.

1) 너 피아노 칠 수 있니?
   你　钢琴　弹　会　吗?

2) 그녀는 중국어를 할 줄 몰라.
   她　汉语　说　会　不

3) 그는 운전 할 줄 알아.
   他　车　开　会

4) 너무 짜게 먹으면 안 돼.
   太　咸　吃　不　能　的

5) 여기서 한국 원화를 RMB로 바꿀 수 있을까요?
   这儿　把　韩元　人民币　换成　能　吗

6) 이 건 너무 낡아서 쓸 수 없어.
   这个　用　太　旧　了　不能

19.
내일 비가 내릴까? (会 & 可能 & 应该)

'~일까, 할까' 등 추측에 대한 표현입니다. 추측은 가능성에 대한 예측의 뜻을 나타내는데, 会와 可能을 사용하면 되겠습니다. 중국 가수 徐誉滕서예등의 노래 중에 做我老婆好不好나의 마누라가 되어줘라는 노래가 있는데, 가사 중에 '这种迷茫心情, 我想谁都会有, …'라는 부분이 있습니다.

这种迷茫心情, 我想谁都会有, …
이런 복잡한 마음은 누구에게나 다 있을 거야…

明天会下雨吗?
내일 비가 올까?

'会~的'는 강한 추측을 나타냅니다

这么好的东西, 会有人要的。
물건이 이렇게 좋은데 원하는 사람이 있을 거야.

他可能去中国了。
그는 아마 중국으로 갔을 거야

숲앞에 可能, 一定, 应该등과 같은 부사를 더하여 더욱더 확신이 있는 추측을 나타내기도 합니다.

她可能会来。
아마도 그녀는 올 거야.

我们一定会做到的。
우린 꼭 해낼 거야.

他应该会来。　　　　　他应该来。
그가 꼭 올 거야.

표현레시피
주어 + 会 + 술어
주어 + 可能(부사어) + 술어
주어 + 可能(부사어) + 会 + 술어
주어 + 一定 / 应该(부사어) + 会 + 술어

✅ 어순을 올바르게 배열해보세요.

1) 너는 성공할 거야.
   你 会 成功 一定 的

2) 아직 시간이 있어, 그는 꼭 올 거야.
   还 时间 有 他 会 一定 来

3) 그는 네가 눈물을 흘리게 하지 않을 거야.
   他 你 泪 流 不会 让

4) 재미있는 영화는 많은 사람이 보게 되어 있어.
   好看的 电影 很多人 看 会 都 的

5) 오늘은 분명히 비가 올 거야.
   今天 的 应该 下雨 会

20.
세상이 이래선 안 돼... (应该 & 要)

영화 无间道_{무간도}에 나오는 많은 명대사 중 하나입니다. '세상은 ~해야 한다', '사람도 ~해야 한다'와 같은 당위의 표현인데요, 应该, 该, 要를 사용해서 표현을 만들 수 있겠습니다.

世界不应该是这样的, 做人不应该是这样的。
세상이 이래선 안 돼, 사람도 이래선 안 돼.

다른 표현들을 좀 더 살펴봅니다.

学生应该好好学习。
학생은 열심히 공부해야 한다.

朋友之间应该说什么, 不应该说什么?
친구 사이에 어떤 말을 하고, 어떤 말을 하지 말아야 하지?

孩子要听妈妈的话。

아이는 (당연히) 엄마 말을 들어야 한다.

做人要厚道。

사람은 좀 너그러워야 한다.

표현레시피

주어 + 应该 + 술어

주어 + 要 + 술어

☑ 어순을 올바르게 배열해보세요.

1) 학생은 (마땅히) 학교에 가야 한다.
   学生　学校　应该　去

2) 너는 몸이 아직 안 좋으니까 술을 마셔선 안돼.
   你　身体　还　不行　酒　喝　不应该

3) 남자는 여자로 하여금 눈물을 흘리게 해서는 안된다.
   男人　女人　流泪　不应该　让

4) 넌 반드시 이 약을 먹어야 돼.
   你　一定　这个药　吃　要

21.
나 보이차 마시고 싶어. (想 & 要)

중국어에는 동사앞에서 동사를 도와 ~하고 싶다의 의미를 나타내는 조동사 想과 要가 있습니다. 먼저 간단한 표를 통해서 이 둘의 의미 차이를 살펴보도록 합니다.

~하고 싶다의 의미를 나타낼 땐, 일반적으로 想을 선택합니다. 要는 ~해야 한다의 의미가 더 크다고 보시면 되겠습니다.

(a) 我想喝普洱茶。
　　난 보이차를 마시고 싶어.

(b) 我要喝普洱茶。
　　난 보이차를 마시고 싶어.　　난 보이차를 마셔야 해.

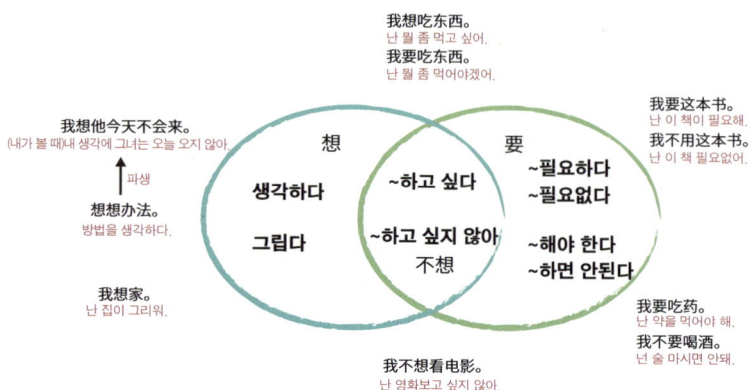

표현레시피

주어 + 想 + 술어 + 목적어 (~하고 싶다)

주어 + 要 + 술어 + 목적어 (~하고 싶다／해야 한다, 필요하다)

☑ 어순을 올바르게 배열해보세요.

1) 난 축구하고 싶지 않아.
   我   足球   不想   踢

2) 난 영화 보고 싶어.
   我   电影   看   想

3) 나 고기 먹으면 안돼.
   我   肉   吃   不应该

4) 너 너무 빨리 먹지마.
   你 太 快 吃得 不要

5) 영화 보고 싶은데, 먼저 숙제해야 돼...
   想看 电影 不过 先 作业 要 做

6) 우리는 양고기 꼬치가 너무 먹고 싶어.
   我们 非常 吃 想 羊肉串

22. 이야기로 살펴보는 "该"

　　有个人请客,看看时间过了,还有一大半的客人没来。主人心里很着急,便说:"怎么搞的,该来的客人还不来?"一些敏感的客人听到了,心想:"该来的没来,那我们是不该来的?"于是悄悄地走了。主人一看又走掉好几位客人,越发着急了,便说:"怎么这些不该走的客人,反倒走了呢?"

　　剩下的客人一听,又想:"走了的是不该走的,那我们这些没走的倒是该走的了!"于是又都走了。最后只剩下一个跟主人较亲近的朋友,看了这种尴尬的场面,就劝他说:"你说话前应该先考虑一下,否则说错了,就不容易收回来了。"主人大叫冤枉,急忙解释说:"我并不是叫他们走啦!"朋友听了大为光火,说:"不是叫他们走,那就是叫我走了。"说完,头也不回地离开了。

　　어떤 사람이 손님을 초대했다. 시간이 흘렀지만 여전히 많은 손님이 오지 않았다. 주인은 다급한 마음에 이렇게 얘기했다."어떻게 된 거야, 와야 할 손님이 왜 아직 안 왔지?" 몇몇 민감한 손님들이 이 말을 듣고는 마음속으로 생각했다." 와야 할 손님이 안 왔다면 그럼 우리는 오지 말아야 할 손님이라는 건가?". 하고는 조용히 가버렸다. 주인은 또 여러 손님이 자리를 떠난 것을 보고는 더욱 다급해져서는 이렇게 말했다."아니 왜 가지말아야 할 손님들이 오히려 가버린 거지?". 남아있는 손님들이 듣고는 생각했다."가버린 사람들이 가지말아야 할 사람들이라면, 우리 여기에 가지 않은 사람들이 가야될 사람들이란 말이군." 하고는 모두 가버렸다. 결국엔 주인과 나름 가까운 친구 한 명만 남았다. 이런 난감한 상황을 보고는 주인에게 권고한다." 말하기 전에 먼저 생각 좀 하고서 해, 만약에 말실수를 하게 되면 무르는 것은 쉽지 않으니까." 주인은 크게 억울해하며 황급히 해명한다. "내가 그들을 가라고 한 게 아니야". 친구가 이 말을 듣더니 크게 화를 내며 말한다. "그들더러 가라고 한 것이 아니면 나보고 가라고 한 거구만" 하고는 뒤도 돌아보지 않고 떠나버렸다.

23.
나 갈게... (去 & 走)

중국어에는 왠지 호환이 가능할 것 같고, 의미도 거의 비슷한 단어들이 많습니다. 중국어를 배우고 사용하는 과정에서 종종 마주하게 되는 장면이 있죠... 왠지 그렇게 표현하면 안 되는 것 같은데... 그렇다고 뭐라 딱 꼬집어 얘기하기도 좀 난감한 그런 상황... 그 중 하나가 '가다'라는 표현을 나타내는 去와 走입니다.

(a) 他去了。　　他去图书馆了。
　　그는 갔다.　　그는 도서관에 갔다.

(b) 他走了。　　*他走图书馆了。
　　그는 갔다.

위의 예문을 통해 적어도 去는 뒤에 장소목적어가 오나, 走는 뒤에 장소목적어가 오지 않는다는 것을 알 수 있습니다.

사실 둘 다 '가다'의 의미를 나타내지만, 去는 뒤에 장소목적어나 목적이 오구여...

他们去哪里了?
그들은 어디 갔니?

我们去看电影吧。
우리 같이 영화를 보러 가자.

我们去医院看病。
우리는 병원에 가서 진찰 받는다.

走는 '걷다'라는 의미에서 파생되어 목적성이나 방향성이 없이 현재 있는 장소에서 '(떠나)가다'를 의미합니다. 물론 특정한 목적지를 향해 가는 것이 아니기 때문에 장소목적어를 필요로 하지 않습니다.

走不走? 走吧!
갈 거야 안 갈 거야? 가자!

我走了, 再见!
나 갈게, 안녕!

朋友一生一起走, 那些日子不再有...
친구야, 평생 함께 가자. 그 날들은 다시 오지 않아...

표현레시피

주어 + 去 + 장소목적어, 목적

주어 + 走 + (어기조사)

☑ **어순을 올바르게 배열해보세요.**

1) 내가 조만간 너 보러 갈게.
   我　很快　你　看　去

2) 우리 같이 밥 먹으러 가자.
   我们　一起　饭　吃　去　吧

3) 너희 어디까지 갈꺼야?
   你们　哪里　到　走

4) 小雨가 뛰어 갔다.
   小雨　跑　了　走

24.
나 중국을 여행하고 싶어... (旅行 & 旅游)

중국어를 공부하는 사람들이 많이 틀리는 표현입니다. 술어로 쓰이는 동사는 일반적으로는 명사성 목적어를 받지만, 이 경우는 조금 다르다고 볼 수 있습니다. '난 중국을 여행하고 싶다.'라는 표현을 만들어 볼까요?

*我想旅游中国。
*我要旅行中国。

많은 사람이 문장의 기본 틀(주어+술어+목적어)에 맞추어 위와 같이 문장을 만드는데요, 旅游와 旅行같은 동사들은 예외가 된다고 보면 됩니다. 그러면 이것은 어떻게 표현할까요?

我想去中国 旅行／旅游。
난 중국을 여행하고 싶다.

> **표현레시피**
>
> 주어 + (想) + 去 + 장소목적어 + 旅行 / 旅游
>
> 주어 + (想) + 到 + 장소목적어 + 去 + 旅行 / 旅游

☑ 어순을 올바르게 배열해보세요.

1) 우리 어디로 여행 갈까?
   我们   哪里   到   旅游   去

2) 이번 여름방학에 중국여행 갈까?
   这个   暑假   中国   旅行   去   想不想

3) 그들은 중국 상해로 여행을 가고 싶어한다.
   他们   中国   上海   旅游   去   想

4) 최근에 한국으로 여행 오는 중국사람이 많다.
   最近   韩国   旅游   来   中国人   很多   的

25.
걔네 한국사람이야? (是)

'A는 B다' 구조는 모든 언어의 기본이 되는 구조가 아닐까 생각됩니다. 이러한 표현에는 관계동사 '是'가 쓰이는데요, 판단이나 주어와 목적어 간의 관계를 표시합니다. 일반적으로 A가 B라면 B도 A라고 생각할 수 있습니다. 그렇죠?

자, 예문을 보면서 확인해 볼까요?

(a) 我是学生, 他是老师。　　*学生是我, 老师是他。
　　나는 학생이고, 그는 선생이다.

(b) 她是我们学校的学生。　　*我们学校的学生是她。
　　그녀는 우리학교 학생이다.

(c) 首尔是韩国的首都。　　韩国的首都是首尔。
　　서울은 한국의 수도이다.

(d) 农历8月15号是中秋节.   中秋节是农历8月15号.
음력 8월 15일은 추석이다.

(a)와 (b)는 주어와 목적어의 위치를 바꾸면 비문이 되어버립니다. 반면 (c)와 (d)는 주어와 목적어의 위치를 바꾸어도 문제가 없는 문장이며 그 의미 또한 변하지 않습니다. 'a是b'는 두 가지 의미로 나누어집니다. 하나는 a와 b의 자리를 바꾸어도 의미가 변하지 않는 동격, 다른 하나는 a가 b의 범주에 속하는 경우인데요, 이때 a와 b는 자리바꿈을 할 수 없습니다.

다시 돌아와서 '쟤네 한국인이야?'라는 문장은 질문하는 사람의 의도에 따라 아래와 같이 만들 수 있겠습니다.

他们是韩国人吗?   쟤네 한국사람이야?
他们是不是韩国人?   쟤네 한국사람이야 아니야?
他们不是韩国人吗?   쟤네 한국사람 아니야?
                  (화자의 마음속에서 그들은 이미 한국인)

표현레시피

주어 + 是 + 목적어 (주어와 목적어가 동격인 경우 자리바꿈 가능)
            (주어가 목적어의 범주 안에 들어가면 자리바꿈 불가능)

☑ 어순을 올바르게 배열해보세요.

1) 그는 나의 선생이 아닙니다.
    他 我的 老师 不是

2) 너희가 바로 우리의 미래야.
    你们 就 我们的 未来 是

3) 여긴 학생식당이 아니에요.
    这里 学生食堂 不是

4) 우린 그저 여행객일 뿐이에요.
    我们 只 游客 是

26. 나 오늘 걔랑 만나... (离合词)

중국어 학습자들이 많이 실수하는 부분 중 하나가 바로 이합사(离合词)와 관련된 표현입니다.

이합사가 '술어+목적어' 구조로 이루어져 있다보니 '술목구조동사'라고도 한답니다. 예를 들면...

帮忙 见面 点头
돕다+바쁜 것 보다+얼굴 끄덕이다+머리

散步 毕业 生气
뿌리다+발걸음 끝내다+과업 나다+화

다음은 우리가 흔하게 범하는 오류입니다.

*我们见面朋友。
우리는 친구를 만난다.

 문법 레시피

*他们帮忙老师。
그들은 선생님을 도와드린다.

뭐가 문제죠? 당황스러울 수 있습니다. 이합동사는 '술어+목적어' 구조로 이루어져 있어서 목적어가 이합동사 뒤에 바로 올 수 없습니다. 자, 쉽게 생각해 볼까요?

见 + 面 + 朋友
보다 + 얼굴 + 친구

그러면 여기서 얼굴은 누구의 얼굴이냐라는 것이죠. 바로 친구의 얼굴이죠. 그렇다면 이렇게 조금만 손을 봐주면 아름다운 표현을 만들 수 있겠네요.

见 + 朋友 + (的) + 面
보다 + 친구 + (의) + 얼굴

그럼 다시 정리해보죠.

我们见朋友(的)面。
우리는 친구를 만난다.

물론 개사를 사용해서 见面을 분리하지 않고도 만들 수 있습니다.

我们和朋友见面。
우리는 친구와 만난다.

또한 이합동사는 '술어+목적어'구조 형태여서 중첩형식을 만들 땐 술어부분에 해당하는 단어만 중첩해주면 됩니다.

你们一起去见见面吧。
우리 함께 가서 만나보자.

今天我要到公园去散散步。
오늘 난 공원에 가서 산책 좀 해야 돼.

동작의 상태를 나타낼 때도 술어부분에 해당하는 단어 뒤에 동태조사 了나 着 또는 过를 붙여주면 되겠습니다.

我们见了两次面。
우린 두 번 만났어.

最后我们聊着天。   *最后我们聊天着。
마지막에 우린 수다를 떨고 있었다.

 문법 레시피

他曾经帮过我很多忙。　　*他曾经帮忙过我很多。
그는 예전에 나를 많이 도와줬다.

표현레시피

주어 + 离 + 관형어 + 合

주어 + 개사구 + 离合

✅ **어순을 올바르게 배열해보세요.**

1) 우리 내일 만나자.
   我们　明天　面　见　吧

2) 우리 시험 보고 난 후에 영화 보러 가자.
   我们　考　试　完　看　电影　去　吧

3) 그는 이미 대학을 졸업했습니다.
   他　已经　毕业　大学　了

4) 나 이 노래 불러본 적이 없어.
   我　这首歌　唱过　没有

27.
그는 우리에게 중국어를 가르친다.

(두 개의 목적어를 갖는 동사)

동사가 술어로 쓰일 때 사람목적어와 사물목적어를 취하는 두 개의 목적어를 갖는 경우가 있습니다. 중국어에는 없는 격조사를 우리말에 근거하여 만들다 보니 학습자들이 중국어로 작문하는 과정에서 오류를 범하는 것을 보게 됩니다.

　　他　　　　给我们　　　　教汉语。
　　그는　　　우리에게　　　 중국어를 가르친다.

'~에게' 라는 표현을 어떻게 만들면 좋지?라는 고민과 동시에 떠오르는 것이 바로 '给'입니다만 틀린 문장이라고 보는 거죠.

　　他给我手机。
　　그가 나에게 휴대폰을 준다.

 문법 레시피

엥? 위에 문장에서는 '~에게'라는 표현을 저렇게 만들면서 뭐가 문제지?라고 물음표를 던질 수 있습니다.

자, 이유는 이렇습니다. 给나 教 모두 두 개의 목적어를 취하는 동사이기 때문입니다. 이런 동사의 구조는 다음과 같습니다.

他给我 + 他给手机
그가 나에게 준다 + 그가 휴대전화를 준다

他给我手机。　　그가 나에게 준다 + 휴대전화를
　　　　　　　　⇒ 그가 나에게 휴대전화를 준다.

他教我们 + 他教汉语
그가 우리를 가르친다 + 그가 중국어를 가르친다

他教我们汉语。　　그가 우리를 가르친다 + 중국어를
　　　　　　　　　⇒ 그가 우리에게 중국어를 가르친다.

이런 구조의 문장을 몇 개 더 살펴보도록 합시다.

他还我钱。
그가 나에게 돈을 돌려주었다.

他没找我零钱。
그가 (나에게) 잔돈을 거슬러 주지 않았다.

27. 그는 우리에게 중국어를 가르친다.(두 개의 목적어를 갖는 동사)

我送她一本书。
난 그녀에게 책 한 권을 선물했다.

她给我买火车票。
그녀는 나에게 기차표를 사주었다.

你告诉妈妈今天晚点回家。
오늘 좀 늦는다고 엄마께 알려드려.

표현레시피

주어 + 술어 + 간접목적어(주로 사람) + 직접목적어(주로 사물)

주어 + 술어 + 간접목적어(주로 사람) + 직접목적어(술어+목적어)

✓ 어순을 올바르게 배열해보세요.

1) 그가 나에게 영화 티켓 두 장을 주었다.
   他　我　电影票　两张　给

2) 주소를 알려주세요.
   地址　告诉　我　请

3) 너 어제 그에게 돈을 빌렸니?
   你　昨天　他　钱　借　吗

4) 그가 나에게 지금 몇 시인지 물었다.
   他　我　现在　几点　问

28.
아버지는 내가 좋은 사람이 되길 바라신다. (구나 문장을 목적어로 갖는 동사)

 술어로 쓰이는 동사 중에는 하나의 목적어를 가지는 것도 있고, 두 개의 목적어를 취하는 동사도 있고, 또 구나 절을 목적어로 가지는 동사도 있습니다. 어떤 동사는 일반목적어와 구나 절로 이루어진 목적어를 다 가지는 것도 있습니다.
 몇몇 학우들과 스터디그룹을 할 때였습니다. 한 학생이 자신감 충만해서는 이렇게 얘기하더군요.

老师,	我们	开始	课	吧!
선생님	우리	시작하다	수업	~합시다

⇒ 우리 수업 시작하죠!

 뭐 이렇게 접근할 수도 있습니다. 중국어를 공부할 때, 각각의 동사가 나타내는 의미와 특성을 잘 살펴보아야 합니다. 开始는 일반적으로 구나 절이 목적어로 옵니다. 따라서 다음과 같이 표현하는 것이 바람직합니다.

老师, 我们开始上课吧!
선생님, 우리 수업 시작하죠!

위의 '아버지는 내가 좋은 사람이 되길 바라신다'를 중국어로 만들어 볼까요?

| 爸爸 | 希望 | 我 | 做好人 |
| 아버지는 | 바라신다 | 내가 | 좋은 사람이 되다 |

그렇죠, 开始, 希望과 같은 동사는 술어로 쓰일 때 일반목적어는 올 수 없다는 것입니다. 예를 들어

我希望你们
난 바래 너희들이…

는 뭔가 전달하고자 하는 핵심이 빠진 느낌이 납니다. 왜냐하면 이런 류의 동사들은 구나 절을 목적어로 받기 때문입니다.

他们开始工作。
그들은 일하기 시작한다.

父母希望孩子考上大学。
부모는 아이가 대학에 들어가길 바란다.

我打算回家。
난 집에 갈 계획이다.

일반목적어와 구나 절 목적어를 다 가질 수 있는 동사는 다음과 같습니다.

我想家。	我想看电影。
난 집이 그립다.	난 영화를 보고 싶다.
他喜欢你。	他喜欢听你唱歌。
난 너를 좋아한다.	그는 네가 부르는 노래를 듣는 것을 좋아한다.
我知道他。	我知道他不同意。
난 그를 안다.	난 그가 동의하지 않을 것을 안다.

표현레시피

주어 + 술어 + 목적어(일반 목적어 / 구 또는 절)

28. 아버지는 내가 좋은 사람이 되길 바라신다. (구나 문장을 목적어로 갖는 동사)

☑ 어순을 올바르게 배열해보세요.

1) 그는 중국에 가기로 결정했다.
   他　中国　去　决定

2) 난 소설책 보는 것을 좋아한다.
   我　小说　看　喜欢

3) 선생님이 수업을 시작하신다.
   老师　课　开始　上

4) 걔네들이 너 사람 좋다던데...
   他们　你　人　好　说　很

29.
안에 사람 있어요? (在 & 有 & 是의 존재표현)

속사정이 생겨 화장실로 달려갑니다. 꼭 이럴 땐 화장실이 한 칸이고 누군가 이미 자리잡고 있죠. 노크를 하면서 다급하게 확인해 봅니다.

有人吗?
누구 있어요?

누구나 한번쯤은 있어봤을 법한 상황에 감정이입이 되어 마음이야 같이 급해지지만 뭔가 문제가 있어보이지는 않나요? 우리가 알고 있는 有는 소유를 나타낸다고 알고 있는데, 그럼 저 문장 괜찮은 건가요?
일반적으로 有와 在는 다음과 같은 문장구조를 가집니다.

我有图书馆。

나는 도서관이 있어. (소유)
소유주 + 有 + 소유물

我在图书馆。
나는 도서관에 있어. (존재)
존재물 + 有 + 장소

有가 위의 문장처럼 존재를 나타내려면 '장소 + 有 + 존재물'의 구조를 가지는데, 이때 존재물은 특정하지 않은 것이어야 합니다.

里面有人吗?   안에 누군가 있어요?
*里面在人吗?

教室里有几个人。   교실에 몇 명이 있어.
*教室里在几个人。

그리고 판단을 나타내는 동사 是도 존재를 나타내는 거 알고 계신가요?

我家对面是三育大学。
우리 집 맞은편은 삼육대학교이다.

学校后边是个山。
학교 뒤쪽은 산이다.

 문법 레시피

그러면 존재를 나타내는데 있어서 有와 在와 是는 각각 어떤 의미의 차이를 보이는지 예문을 통해 살펴보도록 합니다.

里面有人吗?
안에 누구 있어요? (그 장소에 존재물이 있는지 없는지)

有人在里面吗?
누구 안에 있어요? (그 존재물이 장소에 있는지 없는지)

里面是谁?
안에 있는 사람은 누구죠? (장소에 있는 존재물이 그게 맞는지 아닌지)

有는 장소가 중심이 되어 존재물의 여부를, 在는 존재물이 중심이 되어 장소에 있는지의 여부를, 是는 장소에 존재물이 있는지에 대한 판단을 나타내주는 것을 볼 수 있습니다. 동사의 특성을 잘 적용하면 더 느낌있는 존재표현을 만들 수 있겠습니다.

표현레시피

주어(존재물) + 在 + 목적어(장소)
주어(장소) + 有 + 목적어(존재물)
주어(장소) + 是 + 목적어(존재물)

☑ 어순을 올바르게 배열해 보세요.

1) 식당 안에 두 사람이 있다.
   食堂   里面   两个人   有

2) 오늘 집에 아무도 없어요.
   今天   家里   人   没有

3) 小王은 도서관에 있다.
   小王   图书馆   在

4) 小王의 집 입구는 homeplus마트이다.
   小王家   门口   homeplus超市   是

5) 그의 방에는 온통 책뿐이다.
   他的   房间   全   书   是

30.
나한테 어쩔건데? (对 & 对于)

'~에게, ~대해' 라는 표현을 쓰려고 할 때, 우리가 선택할 수 있는 후보는 '对, 对于' 등이 있습니다. 문장을 만들면서 살펴보도록 합시다.

이 문제에 대해 깊이 연구해야 한다.
对这个问题我们要深入研究。
对于这个问题我们要深入研究。

아빠, 드릴 말씀이 있어요.
爸爸, 我想对你说。
*爸爸, 我想对于你说。

(네가) 나에게 어쩔건데?
你要对我怎么样?
*你要对于我怎么样?

기업에서 무엇이 가장 중요한가?
对于一个企业来说, 什么才是最重要?
对一个企业来说, 什么才是最重要?

정리하면 对于를 쓸 수 있는 곳에는 对가 호환이 가능하나 对의 자리에 对于의 호환은 제약이 있다는 것입니다. 그것은 바로 对于는 사람과 사람 사이에는 쓸 수 없다는 것입니다.

표현레시피

주어 + (对 + 목적어)개사구 + 술어

주어 + (对于 + 사물목적어) + 술어

　　　(对 + 목적어)개사구 + 주어 + 술어

　　　(对于 + 사물목적어)개사구 + 주어 + 술어

☑ 어순을 올바르게 배열해보세요.

1) 그 선생님은 학생들에게 무척 엄격하다.
　　非常　老师　对　那个　学生们　严格

2) 그는 중국문화에 대해 매우 관심이 있다.
　　对　很有　他　中国文化　兴趣

3) 선생님은 우리에게 매우 열정적이다.
   老师　热情　我们　对　很

4) 우리는 이 일에 대해서 무척 잘 알고 있다.
   我们　清楚　这件事　对于　非常

5) 이 문제에 대해서, 우리 같이 토론해보자.
   问题　这个　对于,　一下　我们　讨论　一起

31. 집에서 학교까지 얼마나 걸려? (从~到 & 离)

'집에서 밥을 먹는다'라는 표현은 '我在家吃饭。'입니다. 그래서 일까요? '집에서 학교까지'라는 표현을 만들 때 '집에서'를 '在我家~'로 만드는 경우를 종종 보게 됩니다.

자, 'a에서 b까지'는 '从a 到b'랍니다.

> 너희 집에서 학교까지 얼마나 걸려?
> 从你家到学校要多长时间?

'a离b(a는 b에서)~'를 사용하여 표현에 약간의 변화를 줄 수도 있습니다.

> 학교는 우리 집에서 멀어.
> 学校离我家很远。

이 두 표현형식은 쓰임에서 큰 차이를 보입니다. 우선 'a离b~'는 공간적인 표현만 가능합니다만 '从a 到b' 는 공간적인 표현 말고도 시간, 추상적인 표현 등도 가능하답니다.

学生食堂离图书馆有多远?
학생식당은 도서관에서 얼마나 멀어?

从我家到学校大概要一个半小时。
우리 집에서 학교까지는 대략 한 시간 반 정도 걸린다.

从这里到机场需要多长时间?
여기에서 공항까지 얼마나 걸려?

如何完成从一个学生到一个职场工作者的角色转换?
학생에서 직장인으로의 역할 전환은 어떻게 완성하지?

新药从研究到上市需要经过哪些流程?
신약은 연구에서 출시까지 어떤 과정들을 거치나요?

참고로 从은 到가 없이 '~부터'의 의미로 쓰이기도 합니다.

从换个角度来看, 你们说的也有道理。
다른 관점에서 보니, 너희의 말도 일리가 있는 것 같아.

从展览会开幕以来, 参观者已达数万人。
전시회 개막 이래로 관람객 수는 이미 몇 만 명에 도달했다.

> **표현레시피**
>
> 从 + a + 到 + b + 술목구
>
> b + 离 + a + 술목구 (거리가 가깝다 또는 멀다 내지는 구체적인 거리)
>
> 从 ~以来／来看 + 절

☑ 어순을 올바르게 배열해보세요.

1) 그 식당은 우리 집에서 고작 300미터 떨어져 있어.
   那个餐厅　我家　300米　离　只有

2) 홍콩에서 마카오까지 당일치기로 다녀오려면 어떻게 가나요?
   香港　澳门　当天　从　到　早去晚回　怎么走

3) 서울에서 부산까지 얼마나 걸리나요?
   首尔　从　釜山　到　要　时间　多长

4) 오늘부터 내일까지 시간이 없습니다.
   今天　从　明天　到　时间　没有

5) 어제 아침부터 오늘까지 계속 비가 옵니다.
   昨天　早上　从　今天　到　一直　下雨

32.
나 지갑을 택시에 놓고 내렸어. (把)

'나는 밥을 먹는다'는 '我吃饭。'입니다. 그러면 '내가 밥을 먹어버렸다'라는 표현을 하고 싶을 때는 把를 씁니다. 그렇게 하면 술어 뒤에 있는 목적어를 주어 뒤 술어 앞으로 오게 한 다음 '把+목적어' 형태로 만들어 주면 됩니다. 이때 주의해야 할 점이 있는데요, '把+목적어' 형태는 '(목적어를)~해버리다'의 의미를 나타낼 수 있도록 술어에 변화를 주어야 한다는 것입니다.

예를 들면,

나는 밥을 다 먹어버렸다.
我把饭吃光了。

把를 써서 목적어를 술어 앞으로 가져왔죠? 이렇게 문장의 구조가 바뀌면서 나타내는 의미도 목적어를 '~게 처치해 버렸다'로 바꿰게 됩니다. 목적어를 처치해 버리니까 把字句把자문 을 처치문이라고도 합니다. 처치문은 일반적으로 세 가지만 주의하면 됩니다.

하나, 把뒤의 목적어는 구체적이어야 합니다.
둘, 술어는 처치의 의미를 나타내어야 합니다.
셋, 了와 着는 쓸 수 있지만 过는 쓸 수 없습니다.

그럼 '나 지갑을 택시에 놓고 내렸어'를 중국어로 바꾸어 볼까요?

나는 실수로 지갑을 택시에 놓고 내렸어.
我不小心把钱包丢在出租车上了。

처치문의 예문들을 좀 더 살펴보기로 합니다.

나는 그때의 기억이 마음 속에 남아 있다.
我把那时候的回忆留在了心里。

도서관에 공부하러 간 김에 책을 빌려왔다.
我去图书馆学习的时候, 顺便把书借来了。

난 쓸모없는 물건들을 모두 버렸다.
我把没用的东西都扔掉了。

그는 나의 커피를 다 마셔버렸다.
他喝光了我的咖啡。

표현레시피

주어 + (시간사/부정부사/능원동사/부사) + 把 + 목적어 +(给) + 술어 + 보어

✅ **어순을 올바르게 배열해보세요.**

1) 휴대폰을 진동 또는 무음으로 해 주세요.
   手机   振动或静音   你们   调成   把   请

2) 너는 나를 뭘로 보는 거야?
   你   把   什么人   我   当成

3) 텔레비전 소리 좀 줄여주세요.
   电视声音   小一点   你   请   把   关

4) 나는 이미 숙제를 다했다.
   我   已经   作业   做完   把   了

32. 나 지갑을 택시에 놓고 내렸어. (把)

33.
나 차였어. (被)

'걔가 나 찼어'는 把를 사용해서 다음과 같이 만들 수 있겠습니다.

걔가 나 찼어.
他把我甩了。

위의 문장은 그가 주체인 표현입니다. 자, 그러면 내가 피해자인데, '내가 ~를 당했다'라는 표현을 만들고 싶다면 어떻게 할까요? 바로 피동표현의 대표주자 被를 쓰면 됩니다.

나 걔한테 차였어.
我 + 被他 + 甩了。

被의 예문을 좀 더 살펴보도록 합니다.

우리의 이야기를 그녀가 들었다.
我们的谈话被她听到了。

그는 차에 치어 쓰러졌다.
他被汽车撞倒了。

네 컵은 내가 깨뜨리지 않았어.
你的杯子不是被我打碎的。

被자문 표현에서 주의할 점은 네 가지가 있습니다.

하나, 주어는 특정한 것이어야 합니다.
둘, 了와 过는 쓸 수 있지만 着는 사용할 수 없습니다.
셋, 가능보어를 쓸 수 없습니다.
넷, 동사를 중첩할 수 없습니다.

표현레시피

주어 + (被 + 목적어) + 술어

✅ **어순을 올바르게 배열해보세요.**

1) 출발시간이 그에 의해서 1시간 앞당겨졌어.
   出发的时间   被他   一个小时   提前了

2) 내 여권을 도둑 맞았어.
   我的   护照   偷   走了   被

3) 우리의 옷은 비에 젖었다.
   我们的   衣服   雨   被   淋湿了

34.
쟤네 또 온다. (又 & 还 & 再)

  오래 전 중국의 길거리에서 흔히 볼 수 있었던 장면 중 하나는 돈을 구걸하러 다가오는 아이들이었습니다. 어린 아이가 딱해보여 좋은 마음에 몇 푼 건넵니다. 그러면 어디선가 비슷한 또래의 아이들이 줄지어 다가와 손을 내밉니다. 당황스럽죠... 자, 이 상황을 중국 친구에게 설명하려고 합니다. 뭐 '我给了一个, 又 来了一个.' 저 자리의 '또'는 어떤 부사를 선택하는 것이 좋을까요?

  '또', '다시'의 의미를 나타내는 부사는 又, 还, 再 뭐 이정도 있겠네요. 하나씩 예문을 만들어 보면서 차이점을 찾아보도록 하겠습니다.

他们又来了。
그들이 또 왔다. (두 번 이상 상황이 지속적으로 반복되는 상황)

他们还来过。
그들이 또 왔었다. (한 번 왔었는데 또 온 상황)

*他们再来了。

他们还会来。
그들이 또 올 거야.

他们会再来。
그들이 다시 올 거야.

*他们又会来。

위의 예문 '다시 올 거다'에서는 还와 再는 사용되는 위치의 차이가 있지만 의미적으로는 차이가 없어 보입니다. 그러면 다른 예문으로 비교해 볼까요?

吃了一碗, 还想吃。 (한 그릇을 먹었는데, 좀 더 먹고 싶어.)

吃了一碗, 想再吃。 (한 그릇을 먹었는데, 한 그릇 더 먹고 싶어.)

还와 再의 미묘한 차이가 느껴지시죠? 물론 밥이 아닌 나눌 수 없는 물건, 예를 들어 옷이라면 얘기는 달라질 수 있겠죠?

我已经买了一件, 还想买。

난 이미 한 벌을 샀는데, 더 사고 싶어. (다른 옷일 수도 있다는...)

我已经买了一件, 想再买。

난 이미 한 벌을 샀는데, 또 사고 싶어. (같은 옷이라는...)

이들 부사를 선택하는데 있어 참고할 만한 것이 있는데 바로 각각의 부사가 미치는 시간적인 범위입니다.

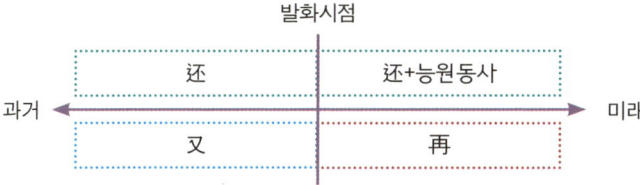

표현레시피

주어 + 又 + 술어 + 了

주어 + 还 + 술어 + 过

주어 + 还 + 능원동사 + 술어

주어 + 능원동사 + 再 + 술어

34. 쟤네 또 온다. (又 & 还 & 再)

☑ 어순을 올바르게 배열해보세요.

1) 그는 오늘 또 수업에 오지 않았어.
   他　今天　又　课　来　没有　上

2) 내일 하나 더 사야겠어.
   我　明天　一个　还　买　想

3) 며칠 뒤에 다시 오세요.
   几天　过　再　来

4) 난 내년에 다시 중국에 가고 싶다.
   我　明年　再　中国　去　想　一趟

5) 너는 또 무엇을 하고 싶니?
   你　还　做　想　什么?

35.
저 사람 지금 하느님도 못말려. (连~都)

〈타짜〉라는 영화 중 정마담의 도박판에서 아이의 병원비를 잃고 쓸쓸히 떠나다 고니의 뽀찌(?)를 받은 교수님이 다시 판으로 들어가는 신에서 나오는 정마담의 대사입니다.

"저 사람 지금 하느님도 못말려."

이 문장 중국어로 만들어 볼까요? '~마저도 ~하다', 그렇습니다. '连~都／也'를 가지고 만들 수 있겠습니다.

저 사람 지금 하느님도 못말려.
他 现在 连 上帝 也 拦不住。

连과 也 사이엔 이 예문과 같이 주어(上帝)말고도 목적어, 수량사, 동사 등 강조하고자 하는 성분을 넣을 수 있습니다.

我连你的名字都忘了。
네 이름조차도 잊어버렸다.

连一点儿也听不懂。
조금도 알아듣지 못한다.

> 수량을 강조할 땐 최소한의 수량만 사용!!

连看也没看过。
본 적도 없다.

이런 강조표현은 앞서 본 '是~的' 외에 의문사로도 할 수 있습니다.

我们汉语系的同学谁都喜欢他。
우리 중국어학과 학생들은 누구든지 다 그를 좋아한다.

我什么也没说。
난 아무것도 말하지 않았어.

哪儿都有这个东西。
어느 곳이나 이 물건은 다 있다.

怎么做都可以。
어떻게 하든 괜찮아

> **표현레시피**
>
> ~ 连 + 강조하려는 것 + 也 ~
>
> ~ 是 + 강조하려는 것 + 的

✓ 어순을 올바르게 배열해보세요.

1) 설마 너 이런 간단한 이치도 모르는 거야?
   难道　连　你　这么　简单的　都　道理　不知道

2) 이건 7살짜리 아이조차도 알아.
   这个　七岁的孩子　连　都　知道

3) 그는 조금도 긴장하지 않아.
   他　也　不　一点儿　连　紧张

4) 그 일은 들어본 적도 없어
   我　连　那件事　听　都　听过　没有

36.
네 지갑 걔한테 있어. (명사의 장소화)

작문과 관련된 수업이었던 걸로 기억합니다. 한 학생이 '你的钱包在他。'라고 작문해 놓은 걸 보고 뭐가 좀 이상한 거 같지 않냐고. 그랬더니 학생이 이상한 거 같은데 본인이 원했던 것은 '네 지갑 걔한테 있어'였어요.

그러게 말이죠. 그냥 장소를 나타내는 단어라면 문제가 없는데... 걔한테, 선생님한테, 친구한테, 엄마한테 등등의 표현은 어떻게 하면 좋을지 난감할 수 있겠다는 생각이 들었습니다.

자, 일반명사 뒤에 지시대명사 这儿 또는 那儿을 붙여주면 장소처럼 바뀐답니다.

我这儿   나한테
他那儿   그한테

> 这儿은 나에게서 가까운 쪽, 那儿은 나에게서 먼 쪽을 나타냅니다.

老师这儿　선생님한테　(선생님과 함께 있는)
朋友那儿　친구한테　　(친구랑 같이 있지 않은)

이 밖에 일반명사 뒤에 방위사를 붙여 주어도 장소처럼 만들 수 있습니다.

门上　　문에
钱包里　지갑에

때론 그냥 복합방위사만으로도 장소를 나타낼 수 있습니다.

今天上面怎么这么吵?
오늘 위쪽이 왜 이렇게 시끄럽지?
(내 위치보다는 높은 윗층, 옥상 등등이 될 수 있다는)

표현레시피

일반명사 + 这儿/那儿

일반명사 + 단순방위사 (上下前后里外등 방위사)

일반명사 + 복합방위사 (上下前后里外등 방위사 + 面/边/头)

---

36. 네 지갑 걔한테 있어. (명사의 장소화)

☑ 어순을 올바르게 배열해 보세요.

1) 나한텐 너의 지갑이 없어.
   我   这儿   你的   钱包   没有

2) 오늘 학교에 차들이 많다.
   今天   在   学校   里   有   车   很多

3) 그들은 선생님네 (선생님 쪽에) 있어.
   他们   老师   那儿   在

37.
네가 기뻐서 나도 기뻐 (복문)

중국의 전설적인 디바 王菲^{왕비}가 부른 노래 중에 你快乐, 所以我快乐^{네가 기쁘니 나도 기쁘다}라는 제목의 곡이 있습니다. 우리가 알고 있는 접속사 '因为~所以'가 사용된 문장인데요. 因为가 생략되어 있네요. 괜찮은 걸까요? 괜찮습니다. 이러한 접속사는 둘 다 생략하면 뜻을 분명히 알 수가 없구요. 둘 중 하나를 생략하는 경우는 있습니다. 물론 뜻은 달라지지 않습니다.

今天肚子疼, 我没吃东西。
오늘 배가 아프다. 난 아무것도 안 먹었다.

因为今天肚子疼, 我没吃东西。
오늘 배가 아파서 난 아무것도 안 먹었다.

今天肚子疼, 所以我没吃东西。
오늘 배가 아프다. 그래서 난 아무것도 안 먹었다.

因为今天肚子疼, 所以我没吃东西。
오늘은 배가 아프기 때문에 그래서 난 아무것도 안 먹었다.

접속사는 두 개의 문장을 연결시켜주는 역할을 하는데 보통은 因为~所以처럼 짝꿍을 이루어 의미관계를 나타냅니다. 인과관계말고도 점층, 병렬, 전환, 가정, 조건, 배제 등이 있습니다. 예문을 통해 살펴보도록 합니다.

他不但聪明, 而且人品很不错。(점층)
그는 똑똑할 뿐 아니라 성품도 아주 좋다.

她又可爱又善良。(병렬)
그녀는 귀엽고 착하다.

虽然你不喜欢我, 但是我喜欢你。(전환관계)
비록 네가 나를 좋아하지 않더라도, 난 너를 좋아해.

如果你不去, 我就不去。(가정)
만약에 네가 안 가면 나도 안 갈 거야.

只要有时间, 我就会来看你。(조건)
시간이 나면 바로 너 보러 올게.

除了他以外, 我们都是韩国人。(배제)
그를 제외하고 우리 모두 한국사람이다.

✅ 어순을 올바르게 배열해 보세요.

1) 우산을 안 가져와서 밖에 나갈 수가 없다.
   因为   雨伞   没带   出去   所以   不能

2) 나를 제외하곤 모두 학생이다.
   我   除了   都   学生   是

3) 네가 와야지만 이 문제를 해결할 수 있어.
   你   来   只有   这个   问题   才   解决   能

4) 그는 비록 나이는 어리지만 철이 들었다.
   他   虽然   年龄   小   但是   很   懂事

5) 만약에 비가 오면 내일 우리는 가지 않을 거야.
   如果   下雨   明天   我们   不去了   就

38.
이리와서 봐봐 (동사중첩)

단독으로 동사가 사용되면 아래와 같이 명령의 의미를 나타냅니다.

看!　听!　走!　吃!
봐!　들어!　가!　먹어!

명령의 의미가 아닌 '~하자' 등의 의미를 표현하려면 동사를 살짝 반복해 주면 됩니다.

过来看看。
이리와서 봐봐

이렇게 반복하는 것을 중첩이라고 합니다. 중첩을 하는 것은 어

 문법 레시피

기를 부드럽게 하는 것 외에 '잠시 ~하다'의 의미도 나타냅니다.

看看　　　　　　看一看　　　　　　看了看
한번 보다　　　　한번 보다　　　　한번 보고는...

그렇다면 2음절 동사와 이합동사는 어떻게 중첩하는지 계속 보도록 합니다.

研究研究　　　　研究了研究
연구 좀 하다　　　연구를 하고는...

이합동사의 경우는 술어+목적어 구조이기 때문에 술어부분만 중첩해주면 되겠습니다.

散步 (散散步)　　　见面 (见见面)
산보 좀 하다　　　　얼굴 좀 보다

물론 모든 동사가 다 중첩할 수 있는 것은 아닙니다. 진행의 상태에서는 중첩을 할 수 없습니다.

我正在看电视。　　*我正在看看电视。
난 지금 텔레비전을 보고 있다.

존재, 판단 등을 나타내는 동사는 중첩하지 않습니다.

我有这种朋友。　　*我有有这种朋友。
난 이런 친구가 있다.

我们是学生。　　*我们是是学生。
우리는 학생이다.

표현레시피

AA　A—A　A了A (단음절 동사)

ABAB　AB了AB (이음절 동사)

AAB (이합동사)

✅ 어순을 올바르게 배열해보세요.

1) 혼자 책을 보면서 공부하면 돼.
   自己　看看　你　自学　就行了　书

2) 이 일은 처리하기 쉽지 않으니 잘 고민해야 해.
   这件事　好好　要　不好　你　考虑考虑　办

3) 네 건의에 대해서는 회의를 통하여 잘 토론해 봐야해.
   我们　讨论讨论　得　好好　开会　关于你的建议

중국어 문법 레시피

39.
천천히 해 (형용사중첩)

　형용사는 중첩하면 '매우~하다'의 의미를 나타내는데, 몇 가지만 주의하면 되겠습니다.

　이음절 형용사의 중첩은 두 가지로 나누어 집니다. 형용사의 중첩은 일반적으로 AABB의 형태이나, 자체적으로 정도의 의미를 지닌 형용사는 ABAB의 형태로 중첩합니다.

　　大家一起高高兴兴吧。
　　우리 같이 즐겁게 놀자.

　　我们进去暖和暖和吧。
　　우리 들어가서 몸 좀 녹이자.

　중국인의 습관적인 언어표현에 따른 ABB의 중첩형태도 있습니다.

孩子长得胖乎乎的，真可爱。
아이가 토실토실한 게 너무 귀엽다.

혐오, 경멸 등의 부정적인 의미를 지닌 형용사는 A里AB의 형태로 중첩합니다.

他做事总是糊里糊涂的。
그는 일 하는 게 항상 어리숙하다.

표현레시피

AABB (성질 형용사)

ABAB (상태 형용사)

ABB (관용적으로 사용하는 중첩)

A里AB (혐오의 의미를 가진 형용사)

☑ 어순을 올바르게 배열해보세요.

1) 그의 손에 빨간 사과 큰 것이 하나가 쥐어져 있다.
   他的　手上　红苹果　一个　大大的　拿着

2) 그는 급하게 마지막 차를 탔다.
   他　急急忙忙地　了　最后　一趟车　赶上

 문법 레시피

3) 그때의 기억은 내 머릿속에 아직도 또렷하다.
　　那时候的　记忆　我的　脑海里　还　在　清清楚楚的

4) 그들은 집에서 조용히 신년을 보내고 있다.
　　他们　在家里　安安静静地　新年　过

40.
난 해마다 중국에 와... (명사 & 명량사 중첩)

중첩형의 표현이 살짝 낯설게 느껴질 수도 있지만 이러한 명사의 중첩형 표현은 우리말에서도 흔하게 찾아볼 수 있습니다. 예를 들어 시시각각 时时刻刻, 자자손손 子子孙孙, 가가호호 家家户户 등과 같은 표현말입니다. 중국어에서는 명사를 중첩하면 '모든~', '~마다'의 의미를 나타냅니다.

人 ⇒ 人人	这件事人人都知道。
사람　모든 사람	이 일은 모두 사람이 다 알고 있어.
年 ⇒ 年年	我年年来中国。
해　　매년	난 해마다 중국에 와.

주로 단음절 명사가 중첩되어 쓰이는데, 중첩된 형태 뒤에는 주로 都가 와서 의미를 분명하게 해 주는 역할을 합니다. 이들 명사

의 중첩형태는 주어와 부사어의 역할을 담당하며, 관형어로는 쓰일 수 없습니다.

家家都在看电视。
집집마다 텔레비전을 보고 있어.

韩国人天天吃泡菜。
한국사람들은 날마다 김치를 먹어.

양사 중에서도 명량사는 중첩을 하면 '~마다', '모든~'의 의미를 갖습니다.

条条大路同罗马。
모든 길은 로마로 통한다.

这里的人个个都是人才。
여기 있는 사람들은 하나같이 다 인재다.

今天和过去的种种事情像河水一样流逝而过...
지금과 과거의 모든일은 강물이 흘러가는 것처럼 지나갈 거야...

표현레시피	
AA (명사)	
AABB (명사)	
AA (명량사)	화제(대주어) + 주어(소주어) + 술어

☑ 어순을 올바르게 배열해보세요.

1) 교실 안에 모든 책상은 새로 산 것이다.
   教室里 都是 张张 桌子 新买的

2) 그는 거의 매일 우리집에 와서 논다.
   他 天天 几乎 来 玩儿 我家

3) 이 일은 집집마다 다 안다.
   这件事 知道 家家户户 都

4) 모두가 그를 좋아하는지 나는 이해할 수가 없다.
   为什么 都 人人 我 喜欢 不 理解 他

41.
이 집이 저 집보다 더 맛있어... (比)

사실 이 집이 저 집보다 맛있다는 표현은 자칫 집 자체가 맛있다는 의미로 해석될 수 있겠습니다. 물론 우리는 이 문장에서 집은 음식점을 가리키는 것이고 맛은 그 집에서 만든 음식의 맛이라고 받아들이지만 말이죠. 자, '이 집이 저 집보다 맛있어'를 중국어로 만들어 볼까요?

이 문장의 핵심은 바로...

这家(做的菜) 好吃。
이 집(에서 만든 요리가)이 맛있다.

어디 보다?

比那家(做的菜)
저 집 (에서 만든 요리) 보다

문장을 조합해 보면 아래와 같습니다.

这家比那家好吃。
이 집이 저 집보다 맛있다.

언젠가 우연히 몇몇 한국 유학생들이 하는 얘기를 들었는데, 이런 대화였어요.

这个餐厅的菜比昨天的餐厅很好吃。
이 식당 음식이 어제 식당보다 더 맛있어.

对对。
맞아, 맞아

아찔한거죠. 왜냐, 'A보다 B가 더 ~하다'는 표현을 할 땐, '很, 非常'등의 부사를 사용하지 않고 '更, 还'를 선택해야 한답니다.
위의 표현에서 부사만 바꿔주면 아름다운 문장이 되겠습니다.

这个餐厅的菜比昨天的餐厅更好吃。
이 식당 음식이 어제 식당보다 더 맛있어.

자, 그럼 이런 표현은 어떻게 해석하면 좋을까요?

你比他高。 不过她比你还高。
너가 그보다 커. 그렇지만 그녀는 너보다 더 커.

'(너두 크지만) 그녀가 너보다 더 커'라는 의미가 되겠습니다. 이런 비교표현에서 주의해야 할 점이 있는데요. 아래와 같이 문장을 만들면 곤란합니다.

*我比他不高。
내가 그보다 크지 않아.

*他比你不忙。
그나 너보다 바쁘지 않아.

다음과 같이 만들어줘야 되겠습니다.

我不比他高。
내가 그보다 크지 않아.

他不比你忙。
그나 너보다 바쁘지 않아.

물론 뒤에 수량을 붙여서 구체적인 정도를 나타낼 수도 있습니다.

他比我高一点。
그가 나보다 조금 더 커.

我比他多一些。
내가 그보다 조금 더 많아.

그러고 보니 '장난스러운 첫 키스'라는 드라마에서 주인공 샹친湘琴이 이런 말을 하는 장면이 생각나는군요.

"等到上了大学以后, 我一定要找一个比你好一百倍的人。"
대학교에 들어가면, 꼭 너보다 백배는 좋은 사람을 찾을 거야.

표현레시피

주어 + 比 + 목적어 + (부사어) + 술어 + 보어
주어 + 不比 + 목적어 + 술어

☑ 어순을 올바르게 배열해보세요.

1) 그가 나보다 나이가 많아.
   他 比我 很多 大

2) 그녀가 나보다 더 바빠.
   她 比我 忙 更

 문법 레시피

3) 저것보다 이것이 더 맛있어.
　　那个　这个　好吃　比　更

4) 그는 나보다 바쁘지 않아.
　　他　我　不比　忙

5) 그가 나보다 조금 더 잘해.
　　他　好　做得　一点　比　我

42.
나도 너 정도는 커. (有)

　　유학생을 가르치는 중국인 선생님이 해준 얘기입니다. 한 서양인 학생이 중국어를 곧잘해서 중국어를 잘한다고 칭찬을 했더니만 그 학생이 "哪里哪里, 我没有你好。"라고 대답했다며 웃었던 기억이 납니다. 음... 물론 중국어는 외국인이 중국인보다 더 잘할 수 있는 언어이긴 합니다. 여하튼 '~보다 크다' 또는 '~보다 적다' 등의 표현이 전형적인 비교표현이라면 '누구만큼은 ~하다', '~정도는 있다' 등의 비교표현도 존재합니다. 예를 들어 '나도 너 정도는 커'라는 문장을 만들어 볼까요? ~ 정도는 된다'라는 표현을 할 때는 '有'를 사용하면 됩니다.

　　我有你高。
　　나도 너만큼 커.

간단한 대화를 만들어 볼까요?

他有多高?
그는 키가 얼마나 크니?

他有我这么高。
그의 키는 나 정도 돼.

> 这么 또는 那么를 넣어
> '이렇게' 또는 '그렇게'의
> 의미를 더해줄 수 있습니다.

몇 개 더 볼까요?

他汉语说得有你这么好。
그도 중국어를 너 정도로 (이렇게) 잘해.

我有他那么忙。
나도 그만큼 바빠.

他有她爸爸那么帅。
그는 그녀의 아버지만큼 (그렇게) 멋지다.

我的衣服有你的这么多。
내 옷은 네 것만큼 (이렇게) 많다.

자, '有'가 무언가와의 비교에서 어느 정도는 된다라는 의미를 나타낸다면 '~정도는 아니야'라는 표현은 '没有'를 쓰면 되겠습니다. 예를 들어 '난 너만큼은 못해'라는 표현은...

我没有你好。

난 너만큼은 못해.

我没有你那么好。

난 너만큼 그렇게 좋진 않아.

이런 표현도 몇 개 더 살펴보도록 할께요.

我个子没有他高。

내 키는 그만큼 크지 않아.

我的工资没有你这么多。

내 월급은 너만큼 이렇게 많지 않아.

她的成绩没有你这么高。

그녀의 성적은 너만큼 이렇게 높지 않아.

我没有他那么喜欢学习。

난 그만큼 그렇게 공부하는 것을 좋아하지 않아.

'没有'의 표현은 '比'의 부정형으로도 쓸 수 있습니다.

乒乓球, 他比我打得好。

탁구는 그가 나보다 잘해.

乒乓球, 他没有我打得好。

탁구는 그가 나보다 못해.

 문법 레시피

표현레시피

주어 + 有／没有 + 목적어 + (这么／那么) + 술어

☑ 어순을 올바르게 배열해보세요.

1) 그는 나보다 나이가 많지 않아.
   他的　我　年龄　大　没有

2) 그녀는 너만큼 노래하는 것을 좋아하지 않아.
   她　像你　唱歌　喜欢　那么　没有

3) 내 방은 네 방만큼 크지 않아.
   我的　你的　房间　没有　那么　大

4) 심양은 상해만큼 덥지 않아.
   沈阳　上海　热　没有　这么

5) 그는 너만큼 이렇게 성실하지 않아.
   他　像你　没有　认真　这么

☑ 비교표현과 관련된 퀴즈

1) 香蕉比草莓好吃。香蕉不比苹果好吃。苹果没有西瓜好吃。
   哪个水果最好吃呢?

42. 나도 너 정도는 커. (有)

43. 나나 너나 같아. (一样)

唐涛탕타오라는 중국가수의 노래 중에서 '我和你一样너나 나나 같아'라는 제목의 노래가 있습니다. 노래 중에 이런 대목이 나오는데요, 어떻게 해석하면 좋을까요?

"其实我和你一样都在为生活而奔忙"
"사실 나는 너와 같이 바쁘게 살아"

그렇습니다. '~가~보다~하다', '~가 ~만 못하다'라는 것 말고도 '~는 ~와 같다'라는 것도 표현도 있습니다.

我和你一样幸福。
나도 너랑 똑같이 행복해.

他的年龄和你一样大。
그는 너와 나이가 같다.

我跟你一样喜欢唱歌。
나도 너처럼 노래하는 것을 좋아해.

我的手机跟你的手机一样好用。
내 휴대폰도 네 휴대폰처럼 쓸만해.

　　예문들을 보면 跟/和와 一样이 주된 재료로 위의 쓰이는 것을 볼 수 있습니다. '~는 ~랑 다르다'는 표현은 '不一样'을 쓰면 되겠습니다.

中国人跟韩国人不一样。
중국인과 한국인은 달라.

今天的天气和昨天的天气不一样。
오늘 날씨와 어제 날씨는 달라.

你的面包跟我的大小不一样。
네 빵은 내 것과 크기가 달라.

我的性格和我弟弟的性格完全不一样。
내 성격은 내 동생의 성격과 완전 달라.

　　그런데 '~一样'라는 표현을 쓰기엔 좀 부담스러운 경우가 있을 수 있겠네요, 그럴 땐 '~差不多'로 바꾸어주면 됩니다.

你们跟我儿子差不多大。
너희들 나이는 내 아들 나이랑 비슷해.

他的水平和我差不多。
그의 실력은 나와 비슷해.

有没有和'我难过'差不多的歌?
'我难过'라는 노래랑 비슷한 노래 없나?

표현레시피

주어 + 跟／和／与／同 + 목적어 + 一样／差不多

주어 + 跟／和／与／同 + 목적어 + 不一样／不同

☑ 어순을 올바르게 배열해보세요.

1) 그의 것과 내 것은 가격이 같아.
   他的   价格   一样   和   我的

2) 너와 그는 나이가 같아.
   他   大   跟   一样   你

3) 내 방의 크기는 너희 방과 같아.
　　我　一样　房间的　和　你们的　大小

4) 한국과 상해는 똑같이 더워.
　　韩国　上海　和　热　一样

5) 내 성격은 우리 아빠랑 똑같아.
　　我的　和　我爸爸　一样　性格

44.
내가 제일 잘 나가... (最)

혜성같이 나타나 한 시대를 풍미했던 2NE1의 노래 중에 '내가 제일 잘 나가'라는 노래가 있죠? 이것을 어떻게 중국어로 바꾸면 좋을까요? 음... 중국어에는 '가장~하다'는 최상급을 나타내는 '最'가 있으니까 그걸 가지고 만들어주면 되겠습니다.

我最走红。
내가 제일 잘 나가.

다른 예문들을 살펴볼까요?

你最有钱。
네가 제일 돈이 많아.

他的成绩最高。
그의 성적이 제일 높아.

属龙的几月出生最好?

용띠인 사람은 몇 월생이 가장 좋아요?

'火洲'吐鲁番中国最热。

'火洲' 투루판은 중국에서 제일 덥다.

最 외에도 再를 써서 최상급 표현을 만들 수 있습니다.

房间干净得不能再干净了。

방이 이보다 더 깨끗할 수는 없다.

那个人看上去可爱得不能再可爱了。

그 사람은 더할 나위 없이 귀여워 보인다.

이 문장은 이렇게도 표현할 수 있겠습니다.

没有比那个人更可爱的了。

그 사람보다 귀여운 사람은 없다.

표현레시피

주어 + 最 + 형용사

형용사 + 得不能再 + 형용사 + 了

没有比 + 명사 + 更 + 형용사 + 的了

✓ 어순을 올바르게 배열해보세요.

1) 이 책이 제일 좋다.
   这 书 本 好 最

2) 그는 반에서 성적이 가장 좋다.
   他 好 在 成绩 班里 最

3) 이보다 더 튼튼할 수는 없다.
   结实 得 不能 再 结实 了

4) 이보다 더 나쁜 건 없어.
   比 这个 没有 更 的了 糟

5) 이 시합이 가장 멋져요.
   这 比赛 场 精彩 最

45.
조심해서 슬라이딩 하라구? (地)

　이건 북경대학 식당에서 있었던 얘기랍니다. 한 외국인 유학생이 식당을 들어오면서 입구에 놓여있는 표지판을 보고는 스케이트를 타는 것처럼 한발 한발 슬라이딩을 하며 식당을 들어오더랍니다. 마침 식사를 하고 계시던 중국어과 교수님 한분이 그 학생의 특이한 행동을 보고는 이유를 물어보셨는데, 그 학생의 대답은 이렇습니다. 본인은 그저 입구의 표지판에 설명대로 조심조심 슬라이딩을 한 것뿐이라고요. 그 학생이 본 입구의 표지판은 아마도 이걸겁니다.

小心　　+　　地　　+　　滑
조심하다　　~하게　　미끌어지다

술어를 꾸며주는 부사어 중에서는 地를 뒤에 더하여 만들어 주는 경우가 있는데 다음과 같습니다.

孩子们高兴地唱着歌。(이음절 형용사가 술어를 꾸며주는 경우)
아이들은 기뻐하며 노래를 한다.

他非常仔细地看了一遍。(이음절 형용사와 부사의 결합이 술어를 꾸며주는 경우)
그는 아주 자세하게 한 번 보았다.

他很感兴趣地问了几个问题。(동사구나 사자성어 등이 술어를 꾸며주는 경우)
그는 무척 흥미로워하며 몇 가지를 질문했다.

我不由自主地点了点头。
나는 나도 모르게 고개를 끄덕였다.

그러면 小心地滑는 무슨 뜻일까요?

小心 + 地滑
조심하세요 + 지면이 미끄럽다 ⇒ 지면이 미끄러우니 조심하세요

 문법 레시피

부사어에서 힘든 부분이 바로 地와의 결합인데요. 地를 쓰는 경우, 쓰지 않는 경우, 생략이 가능한 경우의 세 가지로 볼 수 있습니다.

地를 쓰는 경우		
다음절 형용사	认真地学习	详细地看
형용사중첩형	干干净净地打扫	清清楚楚地写

地를 안쓰는 경우		
부사	一起学习	刚到北京
단음절 형용사	很漂亮	多吃点儿
시간사	九点上课	
각종 구	给妈妈写信	往车站走 向妈妈告别

地의 생략이 가능한 경우	
명사, 수량사의 중첩형태	一句一句(地)说 一步一步(地)走

만약 여러 개의 부사어가 있다. 어떤 기준으로 순서를 정하면 좋을까요?

행위자를 묘사			동작 묘사				
							술어
시간	어기	장소	방향	목적		(的)	
	빈도		노선	대상			
	범위						

예를 가지고 체크해 볼까요?

그녀는 도서관에서 열심히 시험 준비를 하고 있다.
她　在图书馆　认真地　考试　准备

그는 급하게 집으로 전화를 하고 있다.
他　急急忙忙地　往家里　电话　打

표현레시피

주어 + 부사어 + 地 + 술어

☑ 어순을 올바르게 배열해보세요.

1) 나는 행복하게 생활하고 있다.
　　我　幸福　在　生活着　地

2) 조용히 공부 좀 하게 해 주세요.
　　安静　地　让我　学习　请

3) 그는 나에게 진지하게 뭘 좀 먹고싶은지 물었다.
　　他　我　认真　问　吃点东西　想不想　地

4) 학생은 마땅히 수업시간에 정신을 집중해서 강의를 들어야 한다.
   学生   应该   上课时   聚精会神   讲   地   听

5) 그는 굉장히 열심히 일한다.
   他   地   努力   非常   工作

46.
이건 내 중국어 사전이야. (구조조사 的)

내 동생, 내 친구, 내 차, 내 방 등은 우리말에서 지극히 자연스러운 표현인데요, 중국어에서는 우리 말 처럼 그렇게 간단하지만은 않습니다.

我弟弟   我朋友   我的车   我的房间
내 동생   내 친구   내 차   내 방

的자가 들어가는 것도 있고 들어가지 않는 것도 있고 그렇죠? 的는 우리말로 하면 '~의, ~한, ~의 것'정도로 볼 수 있습니다. 관형어가 중심어를 꾸며줄 때 연결고리로서 的의 쓰임은 세 가지 정도로 볼 수 있는데 간단하게 정리해보면 아래와 같습니다.

중국어 문법 레시피

的를 쓰는 경우	
소유를 나타낼 때	我的钱包　我的书 내 지갑　내 책

的를 쓰지 않는 경우	
중심어의 성질을 나타낼 때	汉语词典　铁筷子 중국어사전　쇠젓가락
직업을 나타낼 때	汉语老师 중국어선생님
지시대명사+수량사가 관형어일 때	这一个人　那两件事 이 한 사람　그 두 가지 일

的를 생략해도 되는 경우	
족, 소속단체를 나타낼 때	我妈妈　我们学校 우리 엄마　우리 학교
단음절 형용사가 관형어일 때	好朋友　新衣服 좋은 친구　새 친구

읽으면서 정리가 되시리라 생각되는데요, 혹시나 해서 하나만 말씀드리고 넘어가려고 해요. 위의 예 중에서 汉语词典이나 铁筷子 사이에 的를 넣으면 왜 안되는가에 대한 질문이 가끔 있어서요. 물론 성립될 수 있습니다. 그러려면 汉语와 铁가 사람일 때 그리고 소유를 나타내는 것이라면 가능합니다.

그리고 하나 더... 아마도 한 번쯤은 한 문장 안에 여러 개의 관

46. 이건 내 중국어 사전이야. (구조조사 的)

형어가 나와서 도대체 어느것을 앞에 놓아야 하는지 고민해본 적 있으시죠? 이 문제도 정리하고 넘어가겠습니다.

제한의 느낌을 가진 관형어	묘사의 느낌을 가진 관형어
소속관계 시간 구 지시대명사	구 형용사(구) (的) → 중심어
장소 수량사	

예를 가지고 체크해볼까요?

예쁜 옷 한 벌
一件 漂亮的 衣服

어제 산 그 중국어 사전
昨天 买的 那本 汉语词典

예외 상황은 있겠지만 이 틀로 상당부분 해결되지 않을까 생각됩니다.

☑ 어순을 올바르게 배열해 보세요.

1) 이것은 한 차례의 무서운 교통사고이다.
   这 一次 可怕的 交通事故 是

2) 그는 우리 반에서 키가 제일 큰 남학생이다.
   他 在我们班 个子 最 高的 男同学 是

3) 그녀는 내 어린시절 가장 친한 친구이다.
   她 我小时候 最要好的 一个 朋友 是

4) 네가 말해준 그 두 편의 영화는 참 재미있다.
   你 告诉我的 那 两部 电影 真好看

47.
밥 다 먹었어요. (결과보어)

한국이나 중국 모두 '배부르게 먹었냐(吃饱了吗?)'는 것이 인사였던 때가 있었습니다. 물론 옛날과 비교해서 상대적으로 먹고 살 만한 지금은 '잘 먹었냐(吃好了吗?)'는 인사로 바뀌었지만 말입니다.

여기서 '배부르게 먹다'와 '잘 먹다'는 모두 술어 뒤에 술어의 결과를 보충해주는 성분을 더한 경우입니다.

吃 + 饱　　　　　　　吃 + 好
먹다 배부르다 ⇒ 배부르게 먹다　먹다　잘 ⇒ 잘먹다

자, 술어 뒤에 결과를 보충해 주는 보어가 왔으니 그 자체로 완료형의 의미를 가지는 것이 아니냐 그러니까 '잘 먹었습니다'라는 표현을 다음과 같이 하는 경우가 있습니다.

*我吃好。
난 잘 먹다

바로 이 부분이 문제입니다. 다음 문장을 보겠습니다.

我吃好了。
잘 먹었습니다.

이해가 되시나요? 술어와 결과보어의 결합은 완료의 의미는 포함하고 있지 않습니다. 따라서 또 다른 하나의 동사원형으로 보면 이해하는 데 도움이 됩니다.

吃	먹다	吃好	잘 먹다.
吃了	먹었다.	吃好了	잘 먹었다.
吃饭了	밥을 먹었다.	吃好饭了	밥을 잘 먹었다.
吃了饭,	밥을 먹고,	吃好了饭,	밥을 잘 먹고,

정리하면 다음과 같습니다. 술어와 결과보어의 조합은 하나의 동사로 보고 동태조사는 결과보어 뒤에 붙여줍니다. 그리고 동태조사 了는 목적어의 수식구조에 따라서 쓰이는 위치를 정하도록 합니다.

표현레시피

주어 + 술어 + 결과보어 + 了 + 수식어 + 목적어

주어 + 술어 + 결과보어 + 목적어 +了

목적어 + 주어 + 술어 + 결과보어 + 了

✓ 어순을 올바르게 배열해보세요.

1) 그는 숙제를 다했다.
   他　作业　好　做　了

2) 우리가 네 휴대폰을 찾아냈어.
   我们　你的　手机　找到　了

3) 너희 내 말 알아 들었니?
   你们　我的话　懂　了　听　吗

4) 이 어려운 걸 우리가 또 해냅니다.
   事情　这么　难的　我们　又　做　了　到

48.
낙장불입 (가능보어)

　낙장불입落张不入이라는 말이 있습니다. 중국어로는 出牌不悔던진 카드는 바꿀 수 없다이라고 합니다. 메인그림 속 글씨들은 인생은 바둑과 같아서 내려놓은 돌은 무를 수 없다라고 얘기하고 있습니다.

　중국어에서는 고사성어의 형태로 가능성의 여부를 표현할 수도 있고, 가능보어를 사용해서 표현할 수도 있습니다. 말 그대로 가능성의 여부를 나타내는 것인데 술어 + 得 + 결과보어의 구조로 표현합니다.

　　吃完　　/ 没吃完　　⇒　　吃得完　　　/ 吃不完
　　다 먹다 / 다 못 먹다 ⇒　다 먹을 수 있다 / 다 먹을 수 없다

　결과보어 외에 방향보어도 가능보어로 쓰일 수 있습니다. 불가능을 나타낼 땐 得의 위치에 不를 넣어주면 됩니다.

我们吃得了。(다 먹을 수 있다는 가능성을 의미)
우리 먹을 수 있어.

我们吃得下。(먹을 수 있는 여유공간이 있다는 의미)
우리 먹을 수 있어.

我们吃得起。(먹을 수 있는 경제적인 능력이 된다는 의미)
우리 먹을 수 있어.

我们吃得到。(먹을 수 있는 기회가 있다는 의미)
우리 먹을 수 있어.

이런 물음표를 던질 수 있습니다. 아니 가능이나 불가능을 나타내는데 뭐 이리 복잡해? 그냥 能을 사용하면 안 돼? 그래도 됩니다. 하지만 가능보어를 사용함으로써 더 구체적인 의미를 표현할 수 있다는 것입니다.

표현레시피

주어 + 술어 + 得 + 가능보어(결과보어/방향보어)
주어 + 술어 + 不 + 가능보어(결과보어/방향보어)

☑ 어순을 올바르게 배열해보세요.

1) 나 지금 돈어 없어서 이것을 살 수가 없어.
   我　现在　钱　没有　这个　买　起　不

2) 내가 하는 말 알아듣겠니?
   我说的　话　听　懂　得　吗

3) 나 배불러서 못 먹겠다.
   我　吃饱了　不　吃　了　下

4) 저 영화관은 2천 명이 앉을 수 없다.
   那个　电影院　两千人　坐　下　不

5) 그는 혼자 이렇게 무거운 물건을 옮길 수 없다.
   他　一个人　这么　重的　东西　拿　不　动

49.
너 밥을 빠르게 먹네? (정도보어)

허겁지겁 밥을 먹고 있는 친구에게 이렇게 얘기합니다.

'너 밥 빠르게 먹네? 천천히 먹어~'
你快吃饭, 慢慢吃~

듣는 친구는 난감합니다. '빨리 먹어, 천천히 먹어~'? 도대체 어떻게 하라는 건지 말이죠. 중국어에서 동작이나 상태를 묘사는 부사어나 정도보어 모두 가능하기 때문에 표현사용에 어려움이 있을 수 있습니다.

그래서 정도를 나타내는 부사어는 '~하는 것이 ~하다'의 보어용법으로 표현하는 것이 좋겠습니다.

他吃得很多。
그는 먹는데 많이 먹는다. ⇒ 그는 많이 먹는다.

她长得很漂亮。
그녀는 생긴 것이 예쁘다. ⇒ 그녀는 예쁘게 생겼다.

她唱得怎么样?
그녀는 노래하는게 어때?

일반적으로 정도보어 문장은 형용사 술어문과 의미구조가 같다고 보시면 됩니다.

他吃饭吃得很快。
그는 밥을 빨리 먹는다. (비교의 의미는 없음)

他吃饭吃得快。
그는 밥을 빨리 먹는다. (다른 누군가보다 빨리 먹는다.)

또한 어순에 따라서 비교의 의미가 달리질 수도 있습니다.

*快地吃

快吃   빨리 먹어
※ 명령형의 문장이 되어 버림

吃 得 很快
먹는 정도가 빠르다
= 빠르게 먹는다.

49. 너 밥을 빠르게 먹네? (정도보어)

他 [饭吃得快。]
그는 밥은 빨리 먹어. (그가 다른 건 느린데 밥은 빨리 먹는다는 의미)

饭 [他吃得快。]
밥은 그가 빨리 먹어. (그가 다른 사람보다 밥은 빨리 먹는다는 의미)

표현레시피

주어 + 술어 + 목적어 + 술어 + 得/不 + 정도보어

목적어 + 주어 + 술어 + 得/不 + 정도보어

주어 + 목적어 + 술어 + 得/不 + 정도보어

주어 + 형용사술어 + 极了

☑ 어순을 올바르게 배열해 보세요.

1) 그는 한자를 잘 쓴다.
   他　汉子　好　得　写

2) 그녀는 중국어가 유창하다.
   她　汉语　说　很流利　得

3) 그 아이는 무척 똑똑하다.
   那个   孩子   很   聪明   得

4) 노래는 그가 하는게 듣기 좋아.
   歌   他   好听   得   唱

50.
그는 밖으로 뛰어 나갔다. (방향보어)

　이승철의 노래 중에서 마지막 콘서트의 하이라이트는 바로 '밖으로 나가버리고~~'입니다. 이것을 중국어로는 어떻게 표현할까요? 出去外面了? 또는 出去了? 뭐 이 정도 하면 되겠습니다. 다음은 방향보어로 쓰이는 방향사 등에 대한 이해를 돕기 위한 참고도입니다.

그렇다면 '밖으로 뛰어 나갔다'는 표현은 어떻게 만들까요?

| 밖 | 뛰다 | 나가다 | 뛰어 나가다 + 밖 |
| 外面 | 跑 | 出去 | 跑出去 + 外面   *跑出去外面 |

어순에 맞게 '술어+목적어' 구조에 필요한 성분들을 넣어줬는데 결과적으로는 비문이군요. 방향보어의 쓰임에 나름의 약속이 존재하기 때문입니다. 중국어의 방향보어는 오다*가다*류와 상하전후 上下前后류의 두 가지가 있습니다. 또한 어떤 속성의 목적어를 받느냐에 따라 구조도 달라집니다. 우선 위의 참고도를 바탕으로 방향보어의 조합을 도표로 정리하면 다음과 같습니다.

	上	下	进	出	回	过	起	开
来	上来	下来	进来	出来	回来	过来	起来	开来
去	上去	下去	进去	出去	回去	过去	*起去	开去

上下前后 등을 A로 놓고 来/去를 B로 해서 표현의 패턴을 정리해보면 '동작 + AB'의 구조를 가지게 됩니다.

그렇게 볼 때 '뛰어 나가다'가 跑出去 인 것은 맞는데요, 장소목적어인 外面은 일반적으로 A와 B 사이에 위치하여 '동작+A+장소목적어+B'의 구조를 가집니다. 따라서 다음과 같이 표현하는 것이 올바른 표현입니다.

跑出 + 外面 + 去。 ⇒ 他跑出外面去了。
그는 밖으로 뛰어 나갔다.

방향보어와 장소목적어의 조합... 예문 몇 개 더 보도록 하겠습니다.

你们进教室来吧。
너희 교실로 들어와

他们今天上山去了。
그들은 오늘 산에 올라갔다.

他跑回学校来了。
그는 뛰어서 학교로 돌아왔다.

> 上下进出... 来/去
> 주어 + (술어) + A + 장소 + B
> 　　　동작

일반목적어의 경우는 조합할 때의 위치가 조금 자유롭습니다.

그는 책 한 권을 가지고 돌아왔다.
他带一本书回来了。
他带回一本书来了。
他带回来一本书了。

 문법 레시피

방향보어의 표현에서 중요한 부분은 목적어가 일반목적어인지 아니면 장소목적어인지 먼저 살피는 것이라 할 수 있습니다.

표현레시피

주어 + A + 장소목적어 + B
주어 + 술어 + A + 장소목적어 + B
주어 + 술어 + (일반목적어) + B + (일반목적어)
주어 + 술어 + B + 了 + (일반목적어)
주어 + 이합동사의 술어부분 + A + 이합동사의 목적어부분 + B

✅ 어순을 올바르게 배열해 보세요.

1) 그는 도서관으로 들어갔다.
   他 图书馆 进 去 了

2) 그녀는 뛰어서 집으로 돌아갔다.
   她 跑 家 回 去 了

3) 그는 갑자기 그 일에 대해 물었다.
   他 突然 那件事 问 起 来 了

4) 그들은 양꼬치를 사서 돌아왔다.
   他们 羊肉串 买 回 来 了

5) 그는 잠시 생각하더니 마침내 말을 하기 시작했다.
   他 想了想 终于 话 说 起 来 了

50. 그는 밖으로 뛰어 나갔다. (방향보어)

51.
우리는 2년간
중국어를 배웠다. (시량보어)

배웠다라는 것이 좀 더 구체적인 문장이 되기 위해선 무엇을 배웠는지, 언제 배웠는지, 얼마동안 배웠는지, 혹시 지금도 배우고 있는지 등에 대한 보충설명이 필요합니다. 예를 들면 다음과 같이 말이죠.

学了。	배웠다.
学了汉语。	중국어를 배웠다.
学了四年。	4년을 배웠다.
学了四年汉语。	4년동안 중국어를 배웠다.

시간에 대한 보충은 술어 뒤에 긴밀하게 붙여줘야 합니다. 중국어의 어순을 잘 떠올려 보세요. 술어 뒤에 위치할 수 있는 건 뭐? 보어... 기억나시죠? 그럼 시량보어가 들어가는 문장의 구조를 같이

볼까요? 아래의 문장은 시량보어가 들어가는 전형적인 형태라고 볼 수 있습니다.

주어 + 술어 + 목적어 + 술어 + 了 + 수량
我　　学　　汉语　　学　了　　两年
난 중국어를 공부했어. 공부를 2년간 했어.

이 문장은 나름 변형된 형태로도 같은 의미를 나타낼 수 있는데요...

我学了两年汉语。　　　　*我学了汉语三年。
我学了两年(的)汉语。
나는 2년동안 중국어를 배웠다.

하지만 목적어가 대명사일때는 변형된 형태의 구조는 쓸 수가 없고 전형적인 형태의 구조만 쓸 수 있습니다.

그는 너를 2년간 기다렸다.
他等你等了两年。

*他等了两年你。
*他等了两年的你。

51. 우리는 2년간 중국어를 배웠다. (시량보어)

물론 수량사 부분에서 언급한 적이 있지만요, 지금도 동작이 계속되고 있는 상황을 표현하려면 뒤에 了를 붙여주면 됩니다.

我学了两年汉语了。
난 중국어를 2년째 공부하고 있다.

他等你等了两年了。
그는 너를 2년째 기다리고 있다.

표현레시피

주어 + 술어 + 목적어 + 술어 + 시량보어

주어 + 술어 + 시량보어 + (的) + 일반목적어

☑ 어순을 올바르게 배열해 보세요.

1) 우린 세 시간 동안 밥을 먹었다.
   我们　三个小时　饭　吃　了

2) 그는 중국에서 10년째 살고 있다.
   他　中国　十年　住　了　在　了

3) 그들은 한 시간 동안 기차를 기다렸다.
   他们　一个小时　火车　等了

 문법 레시피

4) 그녀는 네 시간 동안 비행기를 탔다.
    她　四个小时　飞机　坐　了　坐飞机

5) 우린 2시간째 너를 기다리고 있다.
    我们　两个小时　你　等　了　等了

52.
나는 지하철로 학교에 와. (연동문)

여러 가지 동작을 얘기해야 할 때, 어떤 것을 먼저 말하고 또 어떤 것을 나중에 말해야 할까요? 이런 상황에서는 시간의 전후 순서에 따라서 말하면 되겠습니다. 예를 들어 '站起来, 跑出去, 开门'를 시간의 순서대로 나열하면 아래와 같습니다.

일어나다   문을 열다   뛰어나가다
站起来   开门   跑出去   일어나 문을 열고 뛰어나가다
  1   2   3

위의 문장을 시간의 순서대로 나열하면 다음과 같습니다.

나는   지하철을 타고   학교에 온다.
我   坐地铁   来学校。

일반적으로 두 가지 동작이 연결되어 나오면 1은 방식(어떻게 하는지), 2는 목적(가서 무엇을 하는지)를 나타낸다.

他们用毛笔写字。
그들은 붓으로 글씨를 쓴다.

她唱着歌走进来。
그녀는 노래하면서 걸어들어왔다.

我来中国学汉语。
난 공부하러 중국에 왔다.

他买一本书送朋友。
그는 친구에게 선물하기 위해 책을 한 권 샀다.

✅ 다음 문장은 어떠한 차이가 있을까요?

(a) 他骑自行车去公园。

(b) 他去公园骑自行车。

표현레시피

주어 + 술목구(방법) + 술목구 + 술목구(목적)

---

52. 나는 지하철로 학교에 와. (연동문)

✅ 어순을 올바르게 배열해보세요.

1) 그는 버스를 타고 영화를 보러 영화관에 갔다.
   他　大巴　坐　电影　看　去　了

2) 그들은 커피 한 잔을 사 마시러 후문을 간다.
   他们　咖啡　一杯　买　喝　后门　去

3) 우리는 오후에 기차를 타고 부산에 간다.
   我们　下午　火车　坐　釜山　去

4) 나는 물건을 사러 명동에 간다.
   我　东西　买　明洞　去

53.
엄마께서 나에게
밥을 먹으라고 하셨다. (겸어문)

겸어兼语라는 다소 낯선 문법 용어가 있습니다. 사실 알고 보면 별건 아닙니다. 한 문장 속에 두 개의 동사가 등장하는데 첫 번째 동사의 목적어가 두 번째 동사의 주어가 되는 것을 '겸어'라고 합니다. 다시 말해서 하나의 성분이 주어와 목적어를 겸한다고 해서 겸어라고 하고 이러한 문장을 겸어문이라고 합니다. 중국어에서 겸어문兼语句에 쓰이는 동사가 주로 사동使动의 의미를 지니는 使, 让, 叫, 令 등과 같은 동사들입니다. 그래서 겸어문을 사동문使动句이라고도 합니다. 물론 그렇다고 겸어문은 모두 다 사동문이다? 꼭 그렇지는 않습니다. 아래의 예문들을 보면서 다시 체크해봅시다.

예를 들어, '네가 그로 하여금 가게 했어'라는 문장을 만들어 볼까요?

你让他	네가 그로 하여금 ~하게 하다.
他走	그가 가다
你让他走	네가 그로 하여금 가게 하다.
是你让他走的。	네가 그로 하여금 떠나게 했다.

그럼 '엄마께서 나에게 밥을 먹으라고 하셨다'를 중국어로 바꿔 볼까요?

엄마께서 나에게 밥을 먹으라고 하셨다.
妈妈　我　饭　吃　说

'~라고 하다'라는 표현엔 크게 고민없이 '说'를 택하게 되는 것, 이 부분이 우리 학습자들이 많이 실수하게 되는 부분입니다. 겸어의 의미구조를 생각하면서 조합한다면 그리 어렵지 않게 표현을 만들 수 있습니다.

엄마가 나한테 시킨다 + 내가 밥을 먹는다
妈妈叫我　　+　我吃饭　　⇒　妈妈叫我吃饭。

계속해서 예문을 몇 개 더 살펴보도록 합시다.

중국어 문법 레시피

他认我做儿子。
그는 나를 아들로 삼았다

我们选他当班长。
우리는 그를 반장으로 선출했다.

老师要求我们每天用汉语写日记。
선생님께서 우리에게 매일 중국어로 일기를 쓰기를 요구하셨다.

我们请他给我们做报告。
우리는 그에게 우리에게 보고를 해달라고 요청했다.

我有一个朋友开了一家公司。
나는 회사를 차린 친구가 한 명 있다.

老师鼓励我们好好学习汉语。
선생님께서는 우리에게 열심히 중국어를 공부하도록 격려하셨다.

경우에 따라 겸어문에서 술어가 두 개 이상의 목적어를 가질 수도 있는데요, 문장을 만들거나 해석할 때 중국어에는 없는 격조사를 우리말에 근거하여 신중하게 선택할 필요가 있습니다.

표현레시피
주어 + 술어 + 목적어 + 술어 + 목적어
주어

53.엄마께서 나에게 밥을 먹으라고 하셨다. (겸어문)

☑ 어순을 올바르게 배열해보세요.

1) 내일 오후에 나는 그에게 식사를 대접할 거야.
   明天 他 请 吃饭 我 下午

2) 보스는 내게 이 문제를 연구하라고 요구했다.
   领导 研究 这个问题 要求 我

3) 그는 그에게 중국어를 가르쳐주는 친구 한 명이 있다.
   他 有 教他 一个 说汉语 朋友

54.
우리 학교 학생 아닌가요? (반어문)

　요즘 많은 시설에서 금연을 실시하고 있어 그다지 신선한 얘기는 아니지만, 제가 있는 학교는 금연 캠퍼스로 유명합니다. 그러다보니 학생 중에는 쉬는 시간을 틈타 속사정을 해결하기 위해 후문을 다녀오곤 합니다. 예전엔 학생처에서 흡연캠페인을 했었는데요. 흡연하는 학생에게 다가가 "저기... 우리 학교 학생 아니신가요?"라고 물으면 "저 다른 학교 다녀요, 친구보러 놀러 왔어요"라고 했다네요. 서론이 좀 길었네요... 자, 위의 질문이 대답을 바라고 한 질문은 아니라고 보는 거죠. 다시말해 "우리 학교 학생 아니신가요?"는 '내가 볼 땐 그대는 90% 이상 우리학교 학생같은데 맞는 거지?'라고 확인차원의 것이라고 생각됩니다.
　그러면 중국어에서는 반어문표현이 어떻게 나타나는지 예문을 통해 보도록 하겠습니다.

你不是我们学校的学生吗?
너 우리 학교 학생 아니니?

他不是你的男朋友吗?
쟤 네 남자친구 아니야?

我哪儿知道?
내가 어떻게 알아?

我哪儿有时间出去玩儿啊?
내가 나가서 놀 시간이 어디있어?

위의 예문들은 모두 어떤 답을 원하는 표현이 아니라고 보는 거죠. 속뜻을 풀이하면 다음과 같습니다.

我认为你是我们学校的学生。
내 생각엔 넌 우리학교 학생이에요.

我认为他是你男朋友。
내가 볼 땐 그는 네 남자친구야.

我不知道。
난 몰라.

我没有时间出去玩儿。
난 놀러 나갈 시간이 없어.

 문법 레시피

자, 이젠 적어도 반어문은 어떻게 대답을 하면 좋을까 하며 고민하지 않아도 되겠습니다.

표현레시피

주어 + 不是 + 확인하고자 하는 것 + 吗

주어 + 哪儿 + 술어 + 목적어

☑ 어순을 올바르게 배열해 보세요.

1) 어제가 너 생일 아니야?
   昨天　你　生日　不是　吗

2) 너 중국 안 간다고 하지 않았어?
   你　中国　的　不去　说　不是　吗?

3) 너 한국사람 아니야?
   你　韩国人　不是　吗

4) 내가 돈이 어디 있어?
   我　钱　哪儿　有

5) 어디서 너처럼 이렇게 일을 처리하니?
   哪儿　你　这样　事　办　有　的

하나 더

재미나게 봤던^{어디까지나 개인취향입니다만} '기억의 밤'이라는 영화에서 주인공 형제가 이사를 마치고 이런 대화를 나누는 장면이 있습니다.

'짜장면이야... 한국인은 짜장면이야...'

외국어를 배우면서 기초적인 표현 중 하나가 '~는 ~이다'일텐데요, 중국어로는 '~是~'입니다. 예를 들면 '我是小王, 韩国人。^{나는 小王, 한국인입니다}'처럼 말이죠.
자, 위의 문장을 중국어로 바꿔보면 다음과 같아지는데요,

炸酱面, 韩国人是炸酱面。

'난 짜장면', '쟨 짬뽕' 등은 한국에서 특히 식당에서 흔히 접할 수 있는 표현이지만 중국사람들이 들으면 뭔가요 하면서 살짝 물음표를 붙일 수도 있습니다. 사실 여기서 '난 짜장면' 은 '난 짜장

면을 주문한다', '내가 주문하는 것은 짜장면이다'라는 생략문입니다. 이러한 생략문은 상황이나 문맥을 통해서 비로서 의미를 가지게 됩니다. 문맥이 달라지면 '나는 짜장면을 좋아한다', '나는 짜장면을 먹었다' 등 여러 의미로 표현될 수 있습니다. 이런 관점에서 보면 중국어는 구체적인 언어라 할 수 있습니다.

다른 거 하나 더 예를 들어볼까요?

누군가 '너 야구 좋아해?'라고 물어봤다고 가정해보자구요. 그럼 어떻게 대답할까요? 아마도 둘 중 하나겠죠? 좋아한다거나 아님 안 좋아한다거나. 그런데 이 질문을 중국어로 바꿔보면 재미있는 문장이 됩니다.

你喜欢棒球吗?
너 棒球랑 연애하니?

혹시 무슨 말인지 모르시겠다구요?

你喜欢打棒球吗?
너 야구(게임을) 하는 거 좋아해?

你喜欢看棒球比赛吗?
너 야구시합 보는 거 좋아해?

어쩌면 우리말에서는 생략이 자연스럽지만 중국어에서는 오히려 더 분명하게 구체적으로 표현해야 된다는 것이죠. 그렇다면 중국어는 구체적인 언어니까 생략표현이 없냐구요? 또 꼭 그런 것만은 아닙니다.

- 我想吃炸酱面。你呢?
  나 짜장면 먹을래. 너는?

- (我想吃) 炒饭。
  볶음밥.

부록

연습문제
모범답안

P 22

(a) 我不工作。

➡ 난 일을 하지 않아.

일은 하지 않지만 공부나 다른 뭔가를 할 수 있다는 의미를 나타낼 수 있습니다.

(b) 我没有工作。

➡ 난 직업이 없어.

P 42

(a) 今天冷一点儿。

➡ 오늘 조금 춥다.

조금 추운 상황에 대한 객관적인 표현. 여기엔 만족이나 불만 등의 뉘앙스는 들어있지 않습니다. 여기서 一点儿은 수량사입니다.

(b) 今天有点冷。

➡ 오늘 조금 춥다.

추운 정도에 대한 화자의 주관적인 느낌이 더해진 표현, 어쩌면 화자는 조금 추운 이 상황이 불만스럽다고 볼 수 있습니다. 여기서 有点儿은 부사입니다.

P 67~68

1) 我　　有　　很多　　作业。

➡ 주어　술어　부사어　목적어

2) 他　是　中国人。

➡ 주어　술어　목적어

3) 这个包　　我　喜欢。

➡ 　주어　　　술어

　관형어+주어　　주어 + 술어

연습문제 모범답안

4) 我　　今年二十岁。

➡ 주어　+　술어

　　　　　부사어 + 술어

5) 他　　总是　　吃　　甜的　　东西。

➡ 주어 + 부사어 + 술어 + 관형어 + 목적어

6) 他　　有　　一个很可爱的　　妹妹。

➡ 주어　+　술어　+　수식어　+　목적어

　　　　　　　관형어 + 부사어 + 관형어

7) 韩国的天气　　就是　　这样的。

➡　주어　+　부사어　+　술어

　　　(是~的의 강조용법)

P 75

1) 그녀는 맥도날드에서 햄버거를 먹습니다.

➡ 她　在 麦当劳　吃 汉堡包。

2) 그는 스타벅스에서 커피 마시는 것을 좋아합니다.

➡ 他 喜欢 在 星巴克 喝 咖啡。

3) 나의 친구는 할리우드 영화 보는 것을 좋아합니다.

➡ 我的 朋友 喜欢 看 好莱坞 电影。

4) 이 학생식당은 매우 깨끗합니다.

➡ 这个 学生 食堂 很 干净。

5) 그 날부터 그들은 통통한 왕선생님을 좋아했습니다.

➡ 从那天起 他们 喜欢 上了 胖胖的 王老师。

P 81

1) 한국은 사계절이 뚜렷한 편이다.
➡ 韩国 四季 比较 分明。

2) 모두가 이 일을 몰라요.
➡ 大家 都 不知道 这件事。

3) 나는 체중이 100킬로그램이에요.
➡ 我 体重 有 100公斤。

4) 난 이 책을 몇 년 전에 읽었어.
➡ 我 几年前 念 过 这本书。
   시간요소는 문장 제일 앞이나 주어 뒤에 위치할 수 있습니다.
➡ 几年前 我 念 过 这本书。
➡ 这本书 我 几年前 念 过。
   这本书를 주어 앞에 놓아 화제로 이끌어 문장을 만들 수도 있습니다.

P 84

1) 난 중국어를 가르치는 선생이야.
➡ 我 是 教 汉语的。

2) 그는 요리하는 사람이야.
➡ 他 是 做菜的。

3) 그녀는 중국에서 유학하는 학생이야.
➡ 她 是 在中国 留学的。

4) 나는 한국에서 영화를 찍는 사람이야.
➡ 我 是 在韩国 拍 电影的。

P 87~88

1) 그는 학교에 갔다.

➡ 他 去 学校 了。

2) 요즘 그는 살이 쪘다.

➡ 他 最近 胖 了。

   시간요소는 문장 제일 앞부분이나 주어 뒤에 위치할 수 있습니다.

➡ 最近 他 胖 了。

3) 오늘 너 아침 먹었니?

➡ 今天 你 吃 早饭 了 吗?

4) 그는 수업이 끝나면 바로 집으로 간다.

➡ 他 下了 课 就 回家。

5) 우리는 저녁먹고 영화보러 갈거야.

➡ 我们 吃 完 晚饭 就 去 看 电影。

P 91

1) 너희들 중국에 가봤니?

➡ 你们 去 过 中国 吗?

2) 나는 중국 음식을 먹어 본 적이 있어.

➡ 我 吃 过 中国菜

3) 나 몇 년 전에 상해에 와 본적이 있어.

➡ 我 几年前 来 过 上海。

4) 난 중국 노래를 들어 본적이 없어.

➡ 我 没有 听 过 中国歌。

5) 나는 북경에 가서 북경오리를 먹어 본 적이 있어.

➡ 我 去 北京 吃 过 北京烤鸭。

P 95~96

1) 너 휴대폰 가지고 있니?

➡ 你 拿 着 手机 吗 ?

2) 그녀는 울면서 나와 헤어졌어.

➡ 她 哭 着 和 我 分手 了。

3) 그는 침대에 누워있어.

➡ 他 在 床上 躺着。

4) 나 지금 옷 입고 있어.

➡ 我 在 穿 衣服。

5) 그는 도서관에서 공부하고 있어.

➡ 他 在 图书馆 学习。

P 99

1) 그는 20년째 학생들을 가르치고 있다.

➡ 他 教 学生 教了 二十年 了。

2) 어제 난 14시간을 잤어.

➡ 昨天 我 睡了 十四个小时。

3) 우리가 널 두 시간을 기다렸어.

➡ 我们 等 你 等了 两个小时。

4) 그들은 이미 두 시간째 기다리고 있다.

➡ 他们 已经 等了 两个小时 了。

5) 우리는 지하철을 타고 그의 집으로 갔다.
➡ 我们 坐 地铁 去了 他家。

P 101~102

1) 곧 새해이다.
➡ 快 要 新年 了。

2) 그녀가 곧 결혼한다.
➡ 她 快 要 结婚 了。

3) 우리는 이제 상해를 떠난다.
➡ 我们 就要 离开 上海 了。

4) 기차는 10분 뒤면 출발한다.
➡ 火车 十分钟 就要 出发 了。

5) 그가 금방 올거야.
➡ 他 马上 就 来 了

P 107

1) 너 피아노 칠 수 있니?
➡ 你 会 弹 钢琴 吗?

2) 그녀는 중국어를 할 줄 몰라.
➡ 她 不 会 说 汉语。

3) 그는 운전 할 줄 알아.
➡ 他 会 开 车。

4) 너무 짜게 먹으면 안돼.
➡ 不 能 吃 太 咸 的。

5) 여기서 한국 원화를 RMB로 바꿀 수 있을까요?
➡ 这儿 能 把 韩元 换成 人民币 吗 ?

6) 이 건 너무 낡아서 쓸 수 없어.
➡ 这个 太 旧 了 不能 用。

P 110~111

1) 너는 성공할 거야.
➡ 你 一定 会 成功 的。

2) 아직 시간이 있어, 그는 꼭 올 거야.
➡ 还 有 时间, 他 一定 会 来。

3) 그는 네가 눈물을 흘리게 하지 않을 거야.
➡ 他 不会 让 你 流 泪。

4) 재미있는 영화는 많은 사람들이 보게 되어 있어.
➡ 好看的 电影 很多人 都 会 看 的。

5) 오늘은 분명히 비가 올거야.
➡ 今天 应该 会 下雨 的。

P 112

1) 학생은 (마땅히) 학교에 가야 한다.
➡ 学生 应该 去 学校。

2) 너는 몸이 아직 안 좋으니까 술을 마셔선 안돼.
➡ 你 身体 还 不行, 不应该 喝 酒。

3) 남자는 여자로 하여금 눈물을 흘리게 해서는 안된다.
➡ 男人 不应该 让 女人 流泪。

4) 넌 반드시 이 약을 먹어야 돼.

➡ 你 一定 要 吃 这个 药。

P 114~115

1) 난 축구하고 싶지 않아.

➡ 我 不想 踢 足球。

2) 난 영화보고 싶어.

➡ 我 想 看 电影。

3) 나 고기 먹으면 안돼.

➡ 我 不应该 吃 肉。

4) 너 너무 빨리 먹지마.

➡ 你 不要 吃得 太 快。

5) 영화 보고 싶은데, 먼저 숙제해야 돼..

➡ 想看 电影, 不过 先 要 做 作业。

6) 우리는 양고기 꼬치가 너무 먹고 싶어.

➡ 我们 非常 想 吃 羊肉串。

P 120

1) 내가 조만간 너 보러 갈께.

➡ 我 很快 去 看 你。

2) 우리 같이 밥 먹으러 가자.

➡ 我们 一起 去 吃 饭 吧。

3) 너희들 어디까지 갈꺼야?

➡ 你们 走 到 哪里？

4) 小雨가 뛰어 갔다.
➡ 小雨 跑 走 了。

P 122

1) 우리 어디로 여행갈까?
➡ 我们 到 哪里 去 旅游？

2) 이번 여름방학에 중국여행갈까?
➡ 这个 暑假 想不想 去 中国 旅行？

3) 그들은 중국 상해로 여행을 가고 싶어한다.
➡ 他们 想 去 中国 上海 旅游。

4) 최근에 한국으로 여행 오는 중국사람이 많다.
➡ 最近 来 韩国 旅游 的 中国人 很多。

P 125

1) 그는 나의 선생이 아닙니다.
➡ 他 不是 我的 老师。

2) 너희들이 바로 우리의 미래야.
➡ 你们 就 是 我们的 未来。

3) 여긴 학생식당이 아니에요.
➡ 这里 不是 学生食堂。

4) 우린 그저 여행객일 뿐이에요.
➡ 我们 只 是 游客。

P 129

1) 우리 내일 만나자.

➡ 我们 明天 见 面 吧。

2) 우리 시험 보고 난 후에 영화 보러가자.

➡ 我们 考 完 试 去 看 电影 吧。

3) 그는 이미 대학을 졸업했습니다.

➡ 他 已经 大学 毕业 了。

4) 나 이 노래 불러본 적이 없어.

➡ 我 没有 唱过 这首歌。

P 132

1) 그가 나에게 영화티켓 두 장을 주었다.

➡ 他 给 我 两张 电影票。

2) 주소를 알려주세요.

➡ 请 告诉 我 地址。

3) 너 어제 그에게 돈을 빌렸니?

➡ 你 昨天 借 他 钱 吗?

4) 그가 나에게 지금 몇 시인지 물었다.

➡ 他 问 我 现在 几点 ?

P 136

1) 그는 중국에 가기로 결정했다.

➡ 他 决定 去 中国。

2) 난 소설책 보는 것을 좋아한다.

➡ 我 喜欢 看 小说。

3) 선생님이 수업을 시작하신다.

➡ 老师 开始 上 课。

4) 걔네들이 너 사람 좋다던데..

➡ 他们 说 你 人 很 好。

P 140

1) 식당 안에 두 사람이 있다.

➡ 食堂 里面 有 两个人。

2) 오늘 집에 아무도 없어요.

➡ 今天 家里 没有 人。

3) 小王은 도서관에 있다.

➡ 小王 在 图书馆。

4) 小王의 집 입구는 homeplus마트이다.

➡ 小王家 门口 是 homeplus超市。

5) 그의 방에는 온통 책 뿐이다.

➡ 他的 房间 全 是 书。

P 142~143

1) 그 선생님은 학생들에게 무척 엄격하다.

➡ 那个 老师 对 学生们 非常 严格。

2) 그는 중국문화에 대해 매우 관심이 있다.

➡ 他 对 中国文化 很有 兴趣。

3) 선생님은 우리에게 매우 열정적이다.

➡ 老师 对 我们 很 热情。

4) 우리는 이 일에 대해서 무척 잘 알고 있다.

➡ 我们 对于 这件事 非常 清楚。

5) 이 문제에 대해서, 우리 같이 토론해보자.

➡ 对于 这个 问题, 我们 一起 讨论 一下。

P 146

1) 그 식당은 우리 집에서 고작 300미터 떨어져 있어.

➡ 那个餐厅 离 我家 只有 300米。

2) 홍콩에서 마카오까지 당일치기로 다녀오려면 어떻게 가나요?

➡ 从 香港 到 澳门 当天 早去晚回 怎么走 ?

3) 서울에서 부산까지 얼마나 걸리나요?

➡ 从 首尔 到 釜山 要 多长 时间 ?

4) 오늘부터 내일까지 시간이 없습니다.

➡ 从 今天 到 明天 没有 时间。

5) 어제 아침부터 오늘까지 계속 비가 옵니다.

➡ 从 昨天 早上 到 今天 一直 下雨。

P 149

1) 휴대폰을 진동 또는 무음으로 해 주세요.

➡ 请 你们 把 手机 调成 振动或静音。

2) 너는 나를 뭘로 보는 거야?

➡ 你 把 我 当成 什么人?

 중국어 문법 레시피

3) 텔레비전 소리 좀 줄여주세요.

➠ 请你把电视声音关小一点。

4) 나는 이미 숙제를 다 했다.

➠ 我已经把作业做完了。

P 152

1) 출발시간이 그에 의해서 1시간 앞 당겨졌어.

➠ 出发的时间被他提前了一个小时。

2) 내 여권을 도둑 맞았어.

➠ 我的护照被偷走了。

3) 우리의 옷은 비에 젖었다.

➠ 我们的衣服被雨淋湿了。

P 156

1) 그는 오늘 또 수업에 오지 않았어.

➠ 他今天又没有来上课。

2) 내일 하나 더 사야겠어.

➠ 我明天还想买一个。

3) 며칠 뒤에 다시 오세요.

➠ 过几天再来。

4) 난 내년에 다시 중국에 가고 싶다.

➠ 我明年再想去一趟中国。

5) 너는 또 무엇을 하고 싶니?

➠ 你还想做什么？

P 159

1) 설마 너 이런 간단한 이치도 모르는거야?
➡ 难道 你 连 这么 简单的 道理 都 不知道 ?

2) 이건 7살짜리 아이조차도 알아.
➡ 这个 连 七岁的孩子 都 知道。

3) 그는 조금도 긴장하지 않아.
➡ 他 连 一点儿 也 不 紧张。

4) 그 일은 들어본 적도 없어
➡ 那件事 我 连 听 都 没有 听过。

P 162

1) 나한텐 너의 지갑이 없어.
➡ 我 这儿 没有 你的 钱包。

2) 오늘 학교에 차들이 많다.
➡ 今天 在 学校 里 有 很多 车。

3) 그들은 선생님네 (선생님 쪽에) 있어.
➡ 他们 在 老师 那儿。

P 165

1) 우산을 안가져와서 밖에 나갈 수가 없다.
➡ 因为 没带 雨伞， 所以 不能 出去。

2) 나를 제외하곤 모두 학생이다.
➡ 除了 我 都 是 学生。

 문법 레시피

3) 네가 와야지만 이 문제를 해결할 수 있어.

➡ 只有 你 来， 才 能 解决 这个 问题。

4) 그는 비록 나이는 어리지만 철이 들었다.

➡ 他 虽然 年龄 小，但是 很 懂事。

5) 만약에 비가 오면 내일 우리는 가지 않을 거야.

➡ 如果 下雨， 明天 我们 就 不去了。

P 168

1) 혼자 책을 보면서 공부하면 돼.

➡ 你 自己 看看 书， 自学 就行了。

2) 이 일은 처리하기 쉽지않으니 잘 고민해야 해.

➡ 这件事 不好 办， 你 要 好好 考虑考虑。

3) 네 건의에 대해서는 회의를 통하여 잘 토론해 봐야해.

➡ 关于你的建议 我们 得 开会 好好 讨论讨论。

P 170~171

1) 그의 손에 빨간 사과 큰 것이 하나가 쥐어져 있다.

➡ 他的 手上 拿着 一个 大大的 红苹果。

2) 그는 서둘러 마지막 차를 탔다.

➡ 他 急急忙忙地 赶上 了 最后 一趟车。

3) 그 때의 기억은 나의 머릿속에 아직도 또렷하다.

➡ 那时候的 记忆 在 我的 脑海里 还 清清楚楚的。

4) 그들은 집에서 조용히 신년을 보내고 있다.

➡ 他们 在家里 安安静静地 过 新年。

P 175

1) 교실 안의 모든 책상은 새로 산 것이다.
➡ 教室里 张张 桌子 都是 新买的。

2) 그는 거의 매일 우리집에 와서 논다.
➡ 他 几乎 天天 来 我家 玩儿。

3) 이 일은 집집마다 다 안다.
➡ 这件事 家家户户 都 知道。

4) 왜 모두가 그를 좋아하는지 나는 이해할 수가 없다.
➡ 我 不 理解 为什么 人人 都 喜欢 他。

P 179~180

1) 그가 나보다 나이가 많아.
➡ 他 比我 大 很多。

2) 그녀가 나보다 더 바빠.
➡ 她 比我 更 忙。

3) 저것 보다 이것이 더 맛있어.
➡ 这个 比 那个 更 好吃。

4) 그는 나보다 바쁘지 않아.
➡ 他 不比 我 忙。

5) 그가 나보다 조금 더 잘해.
➡ 他 比 我 做得 好 一点。

P 184

1) 그는 나보다 나이가 많지 않아.

➡ 他的 年龄 没有 我 大。

2) 그녀는 너만큼 노래하는 것을 좋아하지 않아.

➡ 她 没有 像你 那么 喜欢 唱歌。

3) 내 방은 네 방만큼 크지 않아.

➡ 我的 房间 没有 你的 那么 大。

4) 심양은 상해만큼 덥지 않아.

➡ 沈阳 没有 上海 这么 热。

5) 그는 너만큼 이렇게 성실하지 않아.

➡ 他 没有 像你 这么 认真。

p184

비교표현과 관련된 퀴즈

➡ 바나나는 딸기보다 맛있다. 바나나는 사과만큼 맛있지는 않다. 사과는 수박보다 맛있지 않다.

어느 과일이 가장 맛있을까? 수박

P 187~188

1) 그의 것과 내 것은 가격이 같아.

➡ 他的 和 我的 价格 一样。

2) 너와 그는 나이가 같아.

➡ 你 跟 他 一样 大。

3) 내 방의 크기는 너희들 방과 같아.

➡ 我 房间的 大小 和 你们的 一样。

만약에 중작을 한다면 이렇게도 가능하겠습니다. 我的房间和你们的一样大小。

4) 한국과 상해는 똑같이 더워.

➡ 韩国 和 上海 一样 热。

5) 내 성격은 우리 아빠랑 똑같아.

➡ 我的 性格 和 我爸爸 一样。

P 191

1) 이 책이 제일 좋다.

➡ 这 本 书 最 好。

2) 그는 반에서 성적이 가장 좋다.

➡ 他 在 班里 成绩 最 好。

3) 이보다 더 튼튼할 수는 없다

➡ 结实 得 不能 再 结实 了。

4) 이보다 더 나쁜 건 없어.

➡ 没有 比 这个 更 糟 的了。

5) 이 시합이 가장 멋져요.

➡ 这 场 比赛 最 精彩。

P 196

1) 나는 행복하게 생활하고 있다.

➡ 我 在 幸福 地 生活着。

2) 조용히 공부 좀 하게 해 주세요.

➡ 请 让我 安静 地 学习。

3) 그는 나에게 진지하게 뭘 좀 먹고싶은지 물었다.

➡ 他 认真 地 问 我 想不想 吃点东西。

4) 학생은 마땅히 수업시간에 정신을 집중해서 강의를 들어야 한다.

➡ 上课时 学生 应该 聚精会神 地 听 讲。

5) 그는 굉장히 열심히 일한다.

➡ 他 非常 努力 地 工作。

P 200

1) 이것은 한 차례의 무서운 교통사고이다.

➡ 这 是 一次 可怕的 交通事故。

2) 그는 우리 반에서 키가 제일 큰 남학생이다.

➡ 他 是 在我们班 个子 最 高的 男同学。

3) 그녀는 내 어린시절 가장 친한 친구이다.

➡ 她 是 我小时候 一个 最要好的 朋友。

4) 네가 말해준 그 두 편의 영화는 참 재미있다.

➡ 你 告诉我的 那 两部 电影 真好看。

P 203

1) 그는 숙제를 다 했다.

➡ 他 做 好 作业 了。

2) 우리가 너의 휴대폰을 찾아냈어.

➡ 我们 找到 你的 手机 了。

3) 너희들 내말 알아 들었니?
- ➡ 我的话 你们 听 懂 了 吗 ?
- ➡ 你们 听 懂 我的话 了 吗 ?

4) 이 어려운걸 우리가 또 해냅니다.
- ➡ 这么 难 的 事情 我们 又 做 到 了.

P 206

1) 나 지금 돈이 없어서 이것을 살수가 없어.
- ➡ 现在 没有 钱, 这个 我 买不起.

2) 내가 하는 말 알아 듣겠니?
- ➡ 听得懂 我说的话吗 ?

3) 나 배불러서 못 먹겠다.
- ➡ 我吃饱了, 吃不下了.
- ➡ 吃饱了, 我吃不下了.

4) 저 영화관은 2천 명이 앉을 수 없다.
- ➡ 那电影院 两千人 坐不下.

5) 그는 혼자 이렇게 무거운 물건을 옮길 수 없다.
- ➡ 这么重的东西, 他一个人 拿不动.
- ➡ 他一个人 拿不动 这么重的东西.

P 209

1) 그는 한자를 잘 쓴다.
- ➡ 他 汉子 写 得 好.

2) 그녀는 중국어가 유창하다.
➡ 她 汉语 说 得 很流利。

3) 그 아이는 무척 똑똑하다.
➡ 那个 孩子 聪明 得 很。

4) 노래는 그가 하는게 듣기 좋아.
➡ 歌 他 唱 得 好听。

P 213

1) 그는 도서관으로 들어갔다.
➡ 他 进 图书馆 去 了。

2) 그녀는 뛰어서 집으로 돌아갔다.
➡ 她 跑 回 家 去 了。

3) 그는 갑자기 그 일에 대해 물었다.
➡ 他 突然 问 起 那件事 来 了。

4) 그들은 양꼬치를 사서 돌아왔다.
➡ 他们 买 回 羊肉串 来 了。
➡ 他们 买 羊肉串 回 来 了。

5) 그는 잠시 생각하더니 마침내 말을 하기 시작했다.
➡ 他 想了想 终于 说 起 话 来 了。

P 216~217

1) 우린 세 시간 동안 밥을 먹었다.
➡ 我们 吃 了 三个小时 饭。
  전형적인 표현의 형태는 我们吃饭吃了三个小时。

2) 그는 중국에서 10년째 살고 있다.
➡ 他 在 中国 住 了 十年 了。

3) 그들은 한 시간 동안 기차를 기다렸다.
➡ 他们 等了 一个小时 火车。

4) 그녀는 네 시간 동안 비행기를 탔다.
➡ 她 坐飞机 坐 了 四个小时。 飞机

5) 우린 2시간째 너를 기다리고 있다.
➡ 我们 等 你 等了 两个小时 了。

P 219

(a) 他骑自行车去公园。
➡ 그는 자전거를 타고 공원에 간다.

(b) 他去公园骑自行车。
➡ 그는 공원에 가서 자전거를 탄다.

P 220

1) 그는 버스를 타고 영화를 보러 영화관에 갔다.
➡ 他 坐 大巴 看 去 电影 了。

2) 그들은 커피 한잔을 사 마시러 후문을 간다.
➡ 他们 去 后门 买 一杯 咖啡 喝。

3) 우리는 오후에 기차를 타고 부산에 간다.
➡ 我们 下午 坐 火车 去 釜山。

4) 나는 물건을 사러 명동에 간다.
➡ 我 去 明洞 买 东西。

 중국어 문법 레시피

P 224

1) 내일 오후에 나는 그에게 식사를 대접할거야.
➡ 明天 下午 我 请 他 吃饭。

2) 보스는 내게 이 문제를 연구하라고 요구했다.
➡ 领导 要求 我 研究 这个问题。

3) 그는 그에게 중국어를 가르쳐주는 친구 한 명이 있다.
➡ 他 有 一个 朋友 教他 说汉语。

P 227

1) 어제가 너 생일 아니야?
➡ 昨天 不是 你 生日 吗?

2) 너 중국 안간다고 하지 않았어?
➡ 你 不是 说 不去 中国 的 吗?

3) 너 한국사람 아니야?
➡ 你 不是 韩国人 吗?

4) 내가 돈이 어디 있어?
➡ 我 哪儿 有 钱?

5) 어디서 너처럼 이렇게 일을 처리하니?
➡ 哪儿 有 你 这样 办 事 的?

중국어
문법
레시피

1판 1쇄 발행 2018년 2월 5일

지 은 이 박민수
발 행 인 김진수
발 행 처 **한국문화사**
등   록 1991년 11월 9일 제2-1276호
주   소 서울특별시 성동구 광나루로 130 서울숲 IT캐슬 1310호
전   화 02-464-7708
전   송 02-499-0846
이 메 일 hkm7708@hanmail.net
홈페이지 www.hankookmunhwasa.co.kr

책값은 뒤표지에 있습니다.

잘못된 책은 구매처에서 바꾸어 드립니다.
이 책의 내용은 저작권법에 따라 보호받고 있습니다.

ISBN 978-89-6817-599-2   93720